Wissenschaftstheorie zur Einführung

Martin Carrier

Wissenschaftstheorie zur Einführung

JUNIUS

Wissenschaftlicher Beirat
Michael Hagner, Zürich
Dieter Thomä, St. Gallen
Cornelia Vismann, Frankfurt a.M.

Junius Verlag GmbH
Stresemannstraße 375
22761 Hamburg
Im Internet: www.junius-verlag.de

© 2006 by Junius Verlag GmbH
Alle Rechte vorbehalten
Titelbild: Homme regardant à la lunette
astronomique; René Descartes: La Dioptrique
Satz: Junius Verlag GmbH
Druck: Druckhaus Dresden
Printed in Germany 2008
ISBN 978-3-88506-653-8
2., überarbeitete Aufl. Mai 2008
(Zur Einführung; 353)

Bibliografische Information der Deutschen Nationalbibliothek
Die Deutsche Nationalbibliothek verzeichnet diese Publikation in der
Deutschen Nationalbibliografie; detaillierte bibliografische Daten
sind im Internet über <http://dnb.d-nb.de> abrufbar.

Inhalt

1. **Einleitung** 9
   1.1 Methodenlehre als Wissenschaftsreflexion 9
   1.2 Wissenschaftstheorie im Spektrum der
       Wissenschaftsforschung 10
   1.3 Die Thematik dieser Einführung 13

2. **Empirische Prüfung und Bestätigung in der
   methodologischen Tradition** 15
   2.1 Bacons Projekt einer authentischen Wissenschaft 16
   2.2 Der Schluss auf Ursachen: Die Millschen Regeln 27
   2.3 Hypothetisch-deduktive Prüfung 35
   2.4 Grenzen hypothetisch-deduktiver Prüfung:
       Duhems Argument 43

3. **Die Theoriebeladenheit der Beobachtung** 55
   3.1 Hypothesen und die Strukturierung von Daten 55
   3.2 Beobachtung, operationale Verfahren und
       theoretische Begriffe 58
   3.3 Semantische Theoriebeladenheit der Beobachtung ... 64
   3.4 Mensurelle Theoriebeladenheit der Beobachtung 69
   3.5 Die Prüfung von Theorien durch theoriebeladene
       Beobachtungen 77

4. **Hypothesenbestätigung in der Wissenschaft** 98
   4.1 Hypothetisch-deduktive Prüfung, Unterbestimmtheit
       und nicht-empirische Exzellenzmaßstäbe 98

4.2 Listenmodelle der Bestätigungstheorie und
   Kuhn-Unterbestimmtheit 102
4.3 Systematische Bestätigungstheorie: Der Bayesianismus . 107

5. Wissenschaftlicher Wandel – Wissenschaft im Wandel . 133
5.1 Methodologische Prägungen in der Wissenschaftlichen
   Revolution 133
5.2 Der Theoriewandel in der Wissenschaftsgeschichte . 141
5.3 Wissenschaft im Anwendungszusammenhang 152

6. Wissenschaft im gesellschaftlichen Kontext: Erkenntnis, Werte und Interessen 161
6.1 Wissenschaft und Werte 161
6.2 Epistemische, ethische und soziale Werte im
   Erkenntnisprozess 165
6.3 Wissenschaft zwischen Erkenntnisstreben und sozialer
   Verantwortung 172

Anhang
Literatur 186
Über den Autor 192

Zur Einführung ...

... hat diese Taschenbuchreihe seit ihrer Gründung 1978 gedient. Zunächst als sozialistische Initiative gestartet, die philosophisches Wissen allgemein zugänglich machen und so den Marsch durch die Institutionen theoretisch ausrüsten sollte, wurden die Bände in den achtziger Jahren zu einem verlässlichen Leitfaden durch das Labyrinth der neuen Unübersichtlichkeit. Mit der Kombination von Wissensvermittlung und kritischer Analyse haben die Junius-Bände stilbildend gewirkt.

Von Zeit zu Zeit müssen im ausufernden Gebiet der Wissenschaften neue Wegweiser aufgestellt werden. Teile der Geisteswissenschaften haben sich als Kulturwissenschaften reformiert und neue Fächer und Schwerpunkte wie Medienwissenschaften, Wissenschaftsgeschichte oder Bildwissenschaften hervorgebracht; auch im Verhältnis zu den Naturwissenschaften sind die traditionellen Kernfächer der Geistes- und Sozialwissenschaften neuen Herausforderungen ausgesetzt. Diese Veränderungen sind nicht bloß Rochaden auf dem Schachbrett der akademischen Disziplinen. Sie tragen vielmehr grundlegenden Transformationen in der Genealogie, Anordnung und Geltung des Wissens Rechnung. Angesichts dieser Prozesse besteht die Aufgabe der Einführungsreihe darin, regelmäßig, kompetent und anschaulich Inventur zu halten.

Zur Einführung ist für Leute geschrieben, denen daran gelegen ist, sich über bekannte und manchmal weniger bekannte Autor(inn)en und Themen zu orientieren. Sie wollen klassische

Fragen in neuem Licht und neue Forschungsfelder in gültiger Form dargestellt sehen.

Zur Einführung ist von Leuten geschrieben, die nicht nur einen souveränen Überblick geben, sondern ihren eigenen Standpunkt markieren. Vermittlung heißt nicht Verwässerung, Repräsentativität nicht Vollständigkeit. Die Autorinnen und Autoren der Reihe haben eine eigene Perspektive auf ihren Gegenstand, und ihre Handschrift ist in den einzelnen Bänden deutlich erkennbar.

Zur Einführung ist in verstärktem Maß ein Ort für Themen, die unter dem weiten Mantel der Kulturwissenschaften Platz haben und exemplarisch zeigen, was das Denken heute jenseits der Naturwissenschaften zu leisten vermag.

Zur Einführung bleibt seinem ursprünglichen Konzept treu, indem es die Zirkulation von Ideen, Erkenntnissen und Wissen befördert.

Michael Hagner
Dieter Thomä
Cornelia Vismann

1. Einleitung

1.1 Methodenlehre als Wissenschaftsreflexion

Wissenschaftstheorie richtet sich auf die systematische Reflexion der wissenschaftlichen Methode, der begrifflichen Strukturen wissenschaftlicher Theorien oder der breiteren Konsequenzen wissenschaftlicher Lehrinhalte. Sie tritt nicht in Konkurrenz zur Wissenschaft, sondern klärt wissenschaftliche Begriffe und Aussagen, wissenschaftliche Methoden und Theorien. In dieser Einführung steht die wissenschaftliche Methode im Vordergrund. Sie umfasst die Verfahren und Kriterien, die für die Überprüfung und Bestätigung von Geltungsansprüchen in der Wissenschaft herangezogen werden. Wissenschaftlich gesichertes Wissen hat strenge Prüfungen bestanden und hebt sich dadurch von landläufigen Meinungen ab. Historisch zählen auch Leitlinien zur Hypothesenbildung zur Methode, aber seit dem Ende des 19. Jahrhunderts sieht man das methodische Element in der Wissenschaft auf die Beurteilung von Hypothesen und Theorien beschränkt.

Zu den wissenschaftsreflexiven Teildisziplinen zählen neben der Wissenschaftstheorie oder -philosophie auch die Wissenschaftssoziologie und die Wissenschaftsgeschichte. Die Wissenschaftssoziologie fasst Wissenschaft als eine gesellschaftliche Einrichtung auf, die sich durch besondere Regeln und spezifische Ansprüche bestimmt, vergleichbar dem Recht oder dem Medizinbetrieb. Die Wissenschaftsgeschichtsschreibung betrachtet den

Wandel der wissenschaftlichen Lehrinhalte, der wissenschaftlichen Praxis und des wissenschaftlichen Institutionensystems.

Alle drei Teildisziplinen haben den deskriptiven Anspruch gemeinsam; sie wollen aufklären, wie Wissenschaft eigentlich funktioniert oder wie wissenschaftliches Wissen erzeugt wird. Wissenschaftsphilosophie zeichnet sich unter diesen Disziplinen dadurch aus, dass sie den epistemischen Anspruch der Wissenschaft besonders ernst nimmt. »Epistemisch« bedeutet »auf Erkenntnis bezogen«; Gegenbegriffe sind »pragmatisch« (auf den Menschen und sein Handeln bezogen), »sozial« (auf gesellschaftliche Interessen bezogen) oder »ästhetisch« (auf Schönheit oder Eleganz bezogen). Wissenschaftsphilosophie versteht Wissenschaft entsprechend als Beitrag zur Erkenntnis der Erfahrungswelt. Es geht etwa um die Erklärungsleistungen von Theorien oder um die Gründe für ihre Geltung. So konzentriert sich die philosophische Analyse des Theorienwandels nicht auf Aspekte wie das Karrierestreben der beteiligten Wissenschaftler oder die Brauchbarkeit von Theorien für bestimmte politische Zwecke, sondern sie betrachtet die Erkenntniskraft dieser Theorien.

1.2 Wissenschaftstheorie im Spektrum der Wissenschaftsforschung

Die Wissenschaftstheorie operiert im Spektrum von Wissenschaftssoziologie und Wissenschaftsgeschichte. Diese drei Ansätze ergänzen sich und tragen gemeinsam zum besseren Verständnis der Wissenschaft bei. Ein Beispiel für ihr fruchtbares Zusammenwirken ist die Analyse angewandter Forschung. So lässt sich beobachten, dass die Wissenschaft in den vergangenen Jahrzehnten verstärkt einem Anwendungsdruck aus Wirtschaft,

Politik und Öffentlichkeit ausgesetzt ist. Die Gewinnung praktischen, technisch verwendbaren Wissens steht im Vordergrund; es geht um die Kontrolle der Naturphänomene, nicht primär um deren Erkenntnis. In der Folge treten institutionelle Verschiebungen im Wissenschaftssystem auf. Die Forschung wandert tendenziell aus der Universität in die Industrielabore, es entstehen Forschungsverbünde zwischen Universitätsinstituten und den Forschungsabteilungen von Unternehmen, und die Forschungsagenda naturwissenschaftlicher Universitätsforschung setzt Prioritäten bei wirtschaftlicher Nutzung oder Patentierung. Dies wirft die Frage auf, ob der Verwertungsdruck auf die Wissenschaft möglicherweise den Erkenntnisanspruch der Wissenschaft untergräbt (vgl. Kap. 5.3).

Dabei tritt die Komplementarität der wissenschaftsreflexiven Teildisziplinen vor Augen. Zunächst handelt es sich bei dem Anwendungsdruck um ein wissenschaftssoziologisch diagnostiziertes Phänomen an der Grenzlinie von Wissenschaft und Gesellschaft. Es geht um Verschiebungen in der Organisation und der thematischen Ausrichtung von Forschung. Diese Diagnose wirft im zweiten Schritt wissenschaftsphilosophische Fragen nach begleitenden methodologischen Verwerfungen etwa bei den Theorienstrukturen oder den Beurteilungskriterien für wissenschaftliche Leistungen auf. In wissenschaftshistorischer Sicht ist von Interesse, in welchem Ausmaß und in welcher Hinsicht sich Wissenschaft durch die Anwendungsorientierung seit der Frühen Neuzeit verändert hat. Wenn unter dem geringeren Anwendungsdruck der Vergangenheit andere methodologische Muster aufweisbar sind, spricht dies für einen kausalen Einfluss dieses Drucks. Bei solchen Untersuchungen zeigen sich die drei Teildisziplinen eng miteinander verflochten.

In einer Hinsicht allerdings kommt der Wissenschaftsphilosophie eine Sonderstellung zu. Allein sie gibt normative Urteile über die Berechtigung von Erkenntnisansprüchen ab. So ist etwa angewandte Forschung methodologisch u.a. durch die Neigung gekennzeichnet, »willkommenen Anomalien« wenig Beachtung zu schenken. Dabei handelt es sich um solche Abweichungen von den theoretischen Erwartungen, die die praktische Nutzbarkeit eines Effekts nicht beeinträchtigen, sondern eher zu verbessern versprechen. Unter Anwendungsdruck herrschen pragmatische Beurteilungskriterien vor; allein der technologische Erfolg zählt. Entsprechend lassen sich Fälle beobachten, in denen einer unerwarteten Diskrepanz zwischen theoretischem Anspruch und Erfahrungswirklichkeit, die die technologische Umsetzbarkeit erhöht, nur geringe Aufmerksamkeit zuteil wird. Nur Philosophen nehmen sich heraus, solche Züge als methodologische Defizite angewandter Forschung zu bezeichnen statt neutral als deren methodologische Besonderheiten. Die Wissenschaftsphilosophie stellt entsprechend Urteile darüber auf, was eine gute, der Annahme durch die wissenschaftliche Gemeinschaft würdige Hypothese oder Erklärung leisten soll. Sie appelliert an normative Intuitionen, die die Philosophie im interdisziplinären Dialog auszeichnen. Diese normativen Intuitionen leiten sich ihrerseits aus Vorstellungen über die Beschaffenheit des wissenschaftlichen Erkenntnisanspruchs her; sie stützen sich auf Argumente des Inhalts, denen zufolge bestimmte Erkenntnisstrategien den Erkenntniszielen der Wissenschaft förderlich, andere diesen abträglich sind.

Insgesamt versteht sich auch für die Wissenschaftsphilosophie, dass in der Wissenschaft nicht allein gute Gründe und Wahrheitsstreben eine Rolle spielen; vielmehr ist sie Einwirkungen aus Wirtschaft, Politik und Gesellschaft unterworfen. Diese Vielfalt der Einflussfaktoren begründet die Komplementarität der wissenschaftsreflexiven Teildisziplinen. Das Alleinstellungsmerkmal der Philosophie besteht im Einbezug normativer Urteile. Wissenschaftsphilosophie gibt sich nicht mit Selbsteinschätzungen der Wissenschaftler zufrieden, sondern beansprucht ein eigenes Urteil über die Berechtigung der von ihnen aufgestellten Behauptungen. In der Wissenschaftsphilosophie werden Urteile über Wahrheitsansprüche als berechtigt akzeptiert – oder unter Umständen als unberechtigt zurückgewiesen. In der Wissenschaftsphilosophie geht es also nicht einfach generell darum, wie Wissenschaft funktioniert; es geht darum, wie Wissenschaft in epistemischer Hinsicht funktioniert.

1.3 Die Thematik dieser Einführung

Die Wissenschaftsphilosophie und die Wissenschaftsforschung sind ein reiches und blühendes Feld. In einer knappen Einführung können nur enge Ausschnitte vorgestellt werden. Der hier gewählte Ausschnitt betrifft die Gültigkeitsprüfung von Behauptungen in der Wissenschaft. Es geht um die Gründe für die wissenschaftlichen Geltungsansprüche oder um die Natur der wissenschaftlichen Erkenntnis.

Im folgenden Kapitel wird zunächst ein historischer Überblick über die induktive und die hypothetisch-deduktive Methode gegeben, deren Charakteristika dann anhand ausgewählter Klassiker erläutert werden: Francis Bacon, John Stuart Mill, Pierre Duhem, Karl Popper. Anschließend kommen die komplexen Beziehungen zwischen Theorie und Empirie zur Sprache, die sich insbesondere darin ausdrücken, dass Theorien in die Gewinnung von Erfahrungsbefunden eingehen. Beobachtungen sind in mehrerlei Hinsicht »theorienbeladen«, und dieser Umstand könnte die Aussagekraft von empirischen Prüfungen beeinträchtigen. Das nachfolgende Kapitel widmet sich aus einem systematischen Blickwinkel erneut dem Problem der Prüfung und Bestätigung von Theorien. Im Vordergrund stehen die »Exzellenzmerkmale« von Theorien, die in ihrer Gesamtheit das Leitbild wissenschaftlicher Erkenntnis ausmachen. Im Anschluss kommt der Wandel in der Wissenschaft und im Selbstverständnis der Wissenschaft zur Sprache, und im Schlusskapitel geht es um den Zusammenhang von Wissenschaft und Werten. Dabei rückt das Verhältnis von Wissenschaft und Gesellschaft in den Vordergrund. Die Frage ist, wie die Berücksichtigung gesellschaftlicher Ansprüche und Werthaltungen mit der Erhaltung der Glaubwürdigkeit von Wissenschaft zu verbinden ist. Insgesamt soll ein thematischer Bogen über die Entwicklung der Wissenschaftstheorie geschlagen werden, der von ihren Anfängen im 17. Jahrhundert bis in die Gegenwart reicht.

2. Empirische Prüfung und Bestätigung in der methodologischen Tradition

Nach verbreitetem Verständnis versorgt uns die Wissenschaft mit Wissen erhöhter Verlässlichkeit und Glaubwürdigkeit. Diese Erkenntnisleistung wird häufig darauf zurückgeführt, dass sich die Wissenschaft auf Erfahrung stützt, was aber die weitere Frage aufwirft, wie sich denn Hypothesen und Theorien auf Erfahrung stützen lassen. Das Problem ist also die Beschaffenheit von empirischer Prüfung und Bestätigung in der Wissenschaft.

Erläutern lässt sich dieses Problem mit einer historischen Skizze, die um die Begriffe »induktive« und »hypothetisch-deduktive« Prüfung kreist. Es handelt sich dabei um Zentralbegriffe aus der Geschichte der Methodenlehre zwischen dem 17. und der Mitte des 20. Jahrhunderts. Induktive Methoden verlangen, dass Hypothesen von den Daten nahe gelegt werden; hypothetisch-deduktive Methoden gewähren der Bildung von Hypothesen volle Freizügigkeit und orientieren deren Beurteilung ausschließlich an ihren beobachtbaren Folgen. Induktive Methoden wollen wissenschaftliche Hypothesen an den Kreis der Beobachtungen und des Beobachtbaren gebunden sehen; hypothetisch-deduktive Methoden lassen Vermutungen über Unbeobachtbares ohne weiteres zu und stellen Anforderungen an strenge, aussagekräftige empirische Prüfungen solcher Vermutungen.

Die Darstellung der Induktion orientiert sich an Francis Bacon und John S. Mill. Bacon hat das Bild der induktiven Methode in wichtiger Hinsicht geprägt, bei Mill stehen die von ihm entworfenen Methoden zur empirischen Ermittlung von Kausalverhältnissen im Vordergrund. Pierre Duhem erklärte die hypothetisch-deduktive Methode zu Beginn des 20. Jahrhunderts zur einzigen Methode wissenschaftlicher Prüfung und Bestätigung und erkundete ihre Grenzen. Karl Popper schließlich verpflichtete die Methodenlehre auf das genaue Gegenbild zu Bacon.

2.1 Bacons Projekt einer authentischen Wissenschaft

Francis Bacon (1561–1626) war der erste Philosoph der neuzeitlichen Naturwissenschaften. Sein *Novum organon scientiarum* von 1620 stellt eine Art Gründungsdokument der Wissenschaftstheorie dar, in dem Bacon der aufkeimenden Naturwissenschaft die systematische Berücksichtigung der Erfahrung auferlegt. Die Wissenschaft muss von den Tatsachen ausgehend wie auf einer Leiter bedächtig von Stufe zu Stufe erst zu den mittleren und schließlich zu den höchsten Grundsätzen aufsteigen und sich dabei stets vergewissern, dass sie nichts überspringt, dass sie nicht dem Flug einer Fantasie anheim fällt, die den Gipfel in einem Sprung nimmt (Bacon 1620, I. § 104). Nicht der Mensch darf der Natur seine Begriffe auferlegen, diese müssen vielmehr aus der umsichtigen und vorurteilslosen Beobachtung entspringen und von der Natur gleichsam autorisiert sein.

Zwei Beiträge Bacons zur Philosophie der Wissenschaften waren von erheblichem Einfluss auf die geistesgeschichtliche Entwicklung, betreffen aber nicht die Methodenlehre im engeren Sinn und sollen daher nur kurz angerissen werden. Erstens fasst Bacon die Wissenschaft als ein systematisches Unternehmen nicht allein in methodischer, sondern auch in organisatorischer Hinsicht auf. Er verfolgt das Ziel, die isolierte Arbeit einzelner Denker durch intensive Kooperation einer Vielzahl von Wissenschaftlern zu ersetzen. Die Dynamik der Erkenntnisgewinnung soll durch Arbeitsteilung und zentrale Steuerung gesteigert werden. Bacon wird damit zum ersten Anwalt organisierter Großforschung, zum Erfinder von »Big Science«.

Zweitens ist für Bacon ein neues Bewusstsein des Fortschritts charakteristisch, das die Menschheit seitdem nicht wieder verloren hat. Bei Bacon herrscht das Selbstverständnis des Pioniers vor: Die Wissenschaft wagt einen Neuanfang, sie führt nicht einfach eine Tradition fort. Natürlich hatte man bereits im Mittelalter Neues gefunden, aber die literarische Form der Gelehrsamkeit war stets der Kommentar gewesen. Dem entspricht ein Verständnis von Wissenschaft als Erläuterung und Klärung des intellektuellen Erbes der Antike. Das ist bei Bacon anders. Mit ihm wird die Neuzeit gewahr, dass sie die Antike überflügelt hat. Dadurch gewinnt der Gedanke des wissenschaftlichen und technischen Fortschritts erstmals klare Gestalt. In der Wissenschaft geht es vor allem darum, Neues aufzufinden und zu erfinden, nicht allein darum, das im Grundsatz Bekannte weiter zu erläutern (Bacon 1620, I. §§ 81, 84, 129).

Bacons Methodenlehre konzentriert sich auf drei Schritte. Erstens fußt alles Wissen auf vorurteilsfreien Beobachtungen. Bacons Theorie der »Idole« oder Trugbilder soll die Umsetzung des Ideals der Unvoreingenommenheit anleiten. Zweitens beruhen alle legitimen Hypothesen auf sorgfältigen Verallgemeinerungen solcher Beobachtungen. Bei diesem induktiven Schritt zu umfassenderen Grundsätzen kommt es vor allem auf die Vermeidung voreiliger Schlüsse an. Übersichten des gemeinsamen und getrennten Auftretens von Erscheinungen, die Methode der *Tabulae*, sollen verlässliche Urteile über die jeweiligen Erfahrungsbereiche begründen. Drittens tritt die Prüfung von Verallgemeinerungen durch Ableitung und Untersuchung weiterer Sachverhalte hinzu. Hierzu zählen insbesondere die so genannten *Experimenta crucis*, die von prägendem Einfluss auf die Methodenlehre der nachfolgenden Jahrhunderte waren.

Kennzeichen von Bacons Methodenlehre und deren Erbschaft an die nachfolgenden Jahrhunderte ist, dass bereits die Bildung von Hypothesen der Bindung an die Erfahrung unterliegt. Das induktivistische Selbstverständnis wird durch diese Bindung geprägt. Danach sind ausgreifende Spekulationen verpönt und gelten der Tendenz nach als unwissenschaftlich. Voreiligkeit ist der Feind aller Erkenntnis. Seriöse Wissenschaft bleibt möglichst nahe an dem, was aus dem Bereich der Beobachtungen bekannt ist. Auf diese drei Aspekte, also die Ermittlung der Tatsachenbasis, die Angabe induktiver Verallgemeinerungen und die deduktive Prüfung von Wissensansprüchen, soll im Folgenden kurz eingegangen werden.

2.1.1 Die Ermittlung der Tatsachenbasis: *Vorurteilsfreiheit*

Bacons Anliegen besteht in der Sicherung der Autorität der Sinneswahrnehmung. Dazu sollen Erkenntnishindernisse, störende Einflüsse, die dem Geist des Beobachters entspringen, benannt und beseitigt werden. Ein wichtiger Schritt auf diesem Weg ist die Vermeidung von Vorurteilen. Die *Idola*-Lehre rückt Typen von Vorurteilen ins Rampenlicht, die zur Unvollkommenheit des menschlichen Wissens beitragen und daher zu vermeiden sind. Bei den »Vorurteilen der Gattung« (*idolae tribus*) handelt es sich z.B. um Störungen durch allgemeine Eigenschaften des menschlichen Geistes. Der Mensch neigt etwa dazu, Bestätigungen vorgefasster Meinungen weit mehr Aufmerksamkeit zu schenken als deren Erschütterungen. Zwar wird er gewahr, wenn sich seine Erwartungen bestätigen, nicht aber, wenn sie fehlgehen. Die »Vorurteile der Höhle« (*idolae specus*) betreffen individuelle Verzerrungen. Der Mensch lebt gleichsam in seiner eigenen Höhle, und dieser private Standpunkt beeinträchtigt die Deutlichkeit des Blicks. So neigen die einen dazu, überall Ähnlichkeiten zwischen Ereignissen zu suchen und zu finden, die anderen beachten Unterschiede stärker und decken subtile Abweichungen auf. Einige bewundern das Traditionelle, andere sind Liebhaber alles Neuen (Bacon 1620, I. §§ 39-68).

Bacon zieht aus seiner *Idola*-Lehre den Schluss, dass Wissenschaft die Absage an diese Vorurteile verlangt: »Ihnen allen [den Idolen] hat man mit festem und feierlichem Entschluß zu entsagen und sie zu verwerfen. Der Geist muß von ihnen gänzlich befreit und gereinigt werden, so daß kein anderer Zugang zum Reich des Menschen besteht, welches auf den Wissenschaften gegründet ist, als zum Himmelreich, in welches man nur eintreten kann, wie ein von Voraussetzungen unbelastetes Kind.« (Bacon 1620, I. § 68) In das Reich der Wissenschaft geht man nur ein wie in das Reich Gottes – indem man wird wie ein Kind.

Die Tatsachengrundlage der Wissenschaft soll sich weiter gehend auf das Experimentieren stützen, das zu den methodologischen Innovationen Bacons zählt. Zwar wurde auch im Mittelalter schon experimentiert, insbesondere in den alchemistischen Laboratorien, und Galilei ist für seine geschickten Experimente berühmt. Aber erst Bacon hebt explizit die Bedeutung des Experiments als Erkenntnismittel für die Naturwissenschaften hervor. Für Bacon ermöglicht das Experiment einen gegenüber der Beobachtung vertieften Zugriff auf Naturprozesse. Das Verborgene in der Natur offenbart sich nämlich mehr durch die Peinigungen, die der experimentelle Eingriff für den Naturlauf mit sich bringt, als durch dessen gewöhnlichen Gang (Bacon 1620, I. § 98). Bacon stützt sich hier auf einen Vergleich mit den menschlichen Verhältnissen. Es sind die außergewöhnlichen Umstände, unter denen Menschen ihren wahren Charakter offenbaren. Analog tritt auch das Wesen der Natur unter solchen Bedingungen besonders deutlich zutage, die im gewöhnlichen Naturlauf fehlen. Eine weitere Metapher, die Bacon zur Stützung der experimentellen Methode heranzieht, ist der Gerichtsprozess. In der strengen Prüfung durch Verhör und Kreuzverhör bringen die Anwälte die Wahrheit zuverlässiger ans Licht, als wenn sie die Zeugen frei sprechen lassen. Ebenso wie solche Verhörtechniken den Zeugen Aussagen entlocken, die sie aus freien Stücken nicht machen würden, wird die Natur durch den Eingriff des Experiments veranlasst, ihre verborgenen Kunstgriffe zu offenbaren.

Bacons Begründung für die Sonderstellung des Experiments rückt also Extrembedingungen ins Zentrum. Vom anthropomorphen Beiwerk befreit, verlangen die Erkenntnis der Naturprozesse und die Aufdeckung ihrer Ursachen die Erschließung vergleichsweise entlegener, vom gewöhnlichen Gang entfernter Sachumstände. Nur diese Identifikation neuartiger, nicht schon geläufiger Eigenschaften von Phänomenen kann zum Fortschritt des Wissens beitragen. Jedoch stellen sich solche extremalen Erscheinungen nur selten von selbst ein und lassen sich am ehesten durch Realisierung von bislang nicht in Betracht gezogenen Bedingungen herbeiführen. Deshalb leistet die Erzwingung extremaler Umstände im Experiment einen besonderen Erkenntnisbeitrag.

Die experimentelle Methode ist bis zum heutigen Tag ein methodologisches Markenzeichen der Naturwissenschaften, wenn auch ihre Vorzugsstellung heute anders begründet wird. Zunächst stellt sich ein Experiment als gezielter Eingriff in ein System zum Zweck der Erkenntnisgewinnung über dieses System dar. Die einschlägigen Kenngrößen werden also aktiv verändert und die resultierenden Folgen registriert. Der epistemische Vorzug des Experiments besteht dabei in der *Kontrolle der Situationsumstände*, die bei Beobachtungen in freier Natur in der Regel nicht zu erreichen ist. Diese Kontrolle drückt sich auf zweierlei Weise aus:

(1) *Vollständigkeit*: Das Experiment ermöglicht eine umfassende und systematische Variation von Parametern. In der Natur kommen nicht alle Werte der relevanten Größen vor; die spontan realisierten Bedingungen schöpfen den Spielraum nicht aus. Durch künstliche Anordnung lässt sich das ganze Spektrum der Kenngrößen und ihrer Kombinationen ausloten.
(2) *Isolation*: Im Experiment lässt sich ein einzelner Einflussfaktor gezielt verändern und das Resultat dieser Veränderung registrieren. Die Invarianz der übrigen Kenngrößen ist durch die Versuchsbedingungen garantiert.

2.1.2 Die Verallgemeinerung von Beobachtungen: Inductio vera

Für die zweite Stufe der Angabe verlässlicher Verallgemeinerungen rückt Bacon das schrittweise Vorgehen in den Mittelpunkt. Ein verbreiteter Fehler herkömmlicher Forschung besteht danach darin, zwar von Beobachtungen auszugehen, dann aber unvermittelt zu den obersten Grundsätzen zu springen. So sind weit reichende Gedankengebäude entstanden, deren Beschaffenheit jedoch mehr über die Zügellosigkeit der menschlichen Fantasie verrät als über die Gesetze der Natur. Gegen diese hergebrachte Vorgehensweise der Antizipation des Geistes (*Anticipatio mentis*) setzt Bacon die Auslegung der Natur (*Interpretatio naturae*). Beide Verfahren gehen von Beobachtungen aus und von diesen zu Prinzipien über. Eine freie, von Tatsachen ungebundene Formulierung von Hypothesen ist nicht vorgesehen; es handelt sich also in beiden Fällen um induktive Methoden. Während aber die *Anticipatio mentis* vom Einzelnen unvermittelt zum Allgemeinen springt, arbeitet sich die *Interpretatio naturae* allmählich zu den Verallgemeinerungen vor (Bacon 1620, I. §§ 19, 22, 26). Wesentliche Aufgabe der Methodenlehre ist es also, Voreiligkeit bei der Formulierung von Verallgemeinerungen zu verhüten.

Dem Zweck der Verlangsamung des Gedankenschwungs dient die Angabe von Sorgfaltsregeln. Ein wichtiges Hilfsmittel bilden so genannte Tafeln (*Tabulae*), nämlich Listen, die das gemeinsame oder getrennte Auftreten von Phänomenen oder Eigenschaften verzeichnen. Auf diese Korrelationstabellen sollen dann auf einer weiteren Stufe Schlüsse auf die Gleich- oder Verschiedenartigkeit der untersuchten Vorgänge gegründet werden.

Bacons Beispiel ist die Ermittlung der Natur der Wärme. Zunächst werden sämtliche bekannten Fälle und Umstände registriert, die mit dem Auftreten von Wärme verbunden sind, auch wenn sie anderweitig ganz verschieden sein mögen. Hierbei stößt man auf so verschiedenartige Phänomene wie Sonnenstrahlen, »zündende Blitze«, jede Flamme, kochende und erhitzte Flüssigkeiten, Dämpfe und heißer Rauch, alles Haarige (Wolle, Tierpelze und Federkleid), jeder stark geriebene Körper, »Pferdemist und anderer frischer Tierkot«, Gewürze, die im Mund wie Feuer brennen. Diese Aufstellung bildet die Tafel des Vorhandenseins (*Tabula praesentiae*) (Bacon 1620, II. § 11). Für Bacon ist dabei wichtig, dass diese Zusammenstellung von keinerlei »Vorurteil« über die Natur des betrachteten Phänomens geprägt ist. Deshalb erscheint sie unübersichtlich und verwirrend. Die Ordnung der Phänomene wird erst im Durchlauf des induktiven Verfahrens erkennbar und kann daher nicht schon zu Beginn deutlich sein.

Anschließend werden diejenigen Erscheinungen untersucht, die den ersten zwar ähnlich sind, bei denen aber gleichwohl keine Wärme anzutreffen ist. Erstellt wird eine *Tabula absentiae*, also eine Liste von *prima facie* gleichartigen Fällen, bei denen jedoch Wärme fehlt. In dieser Liste finden sich etwa das Licht des Mondes oder der Sterne sowie faules Holz, das nachts leuchtet, ohne heiß zu sein, oder auch die brennbaren Ausdünstungen öliger Flüssigkeiten. Eine dritte Tabelle, die *Tabula graduum*, enthält Vergleiche der Wärmeintensität verschiedener Körper oder derselben Körper im Laufe der Zeit. Hierbei ist die unterschiedliche Körpertemperatur verschiedener Tiere, die Abhängigkeit der Lufttemperatur von der Sonnenhöhe oder die unterschiedliche Hitze der Flamme verschiedener Stoffe von Bedeutung (Bacon 1620, II. § 12-13).

Der Anlage nach soll sich jeweils ein Dreischritt aus Präsenz, Absenz und Intensität ergeben. Für die Gestirne wird dies von Bacon ausgeführt. Sonne und Wärme sind miteinander verbunden (Präsenz); dem kalten Licht der Sterne fehlt die Wärme (Absenz); die Wärme der Himmelskörper nimmt mit dem Einstrahlungswinkel und dem Erdabstand zu (Intensität). Aber es gelingt Bacon nicht immer, einen solchen Dreischritt tatsächlich durchzuhalten.

Daran schließt sich die Exklusionsanalyse (*Exclusiva*) an, die Aussonderung der unwesentlichen Eigenschaften. Zunächst macht die Betrachtung der Erwärmung ohne Glühen und des kalten Lichts von Mond und Sternen deutlich, dass Licht und Wärme nicht zwangsläufig zusammengehören. Zudem lässt sich Wärme durch Reibung von Körpern erzeugen, woraus klar wird, dass Wärme keine eigenständige Substanz ist; eine solche müsste nämlich erhalten bleiben. Zudem können alle Stoffe erwärmt werden, die genaue Zusammensetzung der Stoffe ist also ohne Bedeutung. Grundlage der positiven Auslegung bilden dann diejenigen Fälle, die in der Exklusionsanalyse nicht als unwesentlich ausgeschieden wurden. Es geht um die Angabe von Bestimmungsmerkmalen dieser wesentlichen Fälle. So stößt man auf die regelmäßige Verknüpfung von Wärme und Bewegung. Flammen und kochende Flüssigkeiten sind in steter Bewegung; ebenso entsteht Wärme durch Reibung von Körpern aneinander. Zudem verstärkt Luftbewegung die Flamme, was sich in Blasebälgen zunutze machen lässt. Wärme ist also nichts anderes als innere Bewegung der Körper (Bacon 1620, II. § 16-20).

Der Sache nach stützt sich Bacon auf einen Analogieschluss. Ergebnis der *Tabulae* und der *Exclusiva* ist eine Korrelationstabelle zwischen Wärme und makroskopischer Bewegung. Daraus schließt er ohne weitere Umstände auf die Identität von Wärme und mikroskopischer Bewegung. Grundlage des Schlusses ist die Annahme einer Analogie zwischen den Mechanismen im Großen und im Kleinen. Eine solche Auffassung ist zwar im Rahmen der damals verbreiteten mechanischen Philosophie nahe liegend, sie stellt gleichwohl eine begründungsbedürftige Behauptung dar.

Bacons Schlussfolgerung zur Natur der Wärme lässt jedenfalls erkennen, dass er zwar mit Korrelationstabellen anfangen, aber nicht bei diesen enden wollte. Induktive Methoden sollen am Ende die Grenzen des Beobachtbaren überschreiten und Aufschluss über die wirkenden Ursachen geben (vgl. Bacon 1620, I. §§ 3, 99). Allerdings müssen die dafür herangezogenen Wirkursachen ihrer Beschaffenheit nach auch im Bereich der Erfahrung anzutreffen sein. Nur weil sich Bewegungen in der Erfahrung finden, können auch nicht direkt wahrnehmbare Bewegungen als Ursachen angenommen werden. Es geht Bacon also nicht darum, ordnende Gesichtspunkte aus der Wissenschaft zu verbannen, sondern er will diese den Beobachtungen entnommen wissen. Die Auslegung der Natur zielt auf eine gleichsam authentische Deutung der Naturphänomene.

2.1.3 Die empirische Prüfung von Prinzipien: Experimenta crucis

Dem induktiven Aufstieg von vorurteilsfreien Beobachtungen über Korrelationstabellen von Eigenschaften zu übergreifenden Erklärungsprinzipien folgt der deduktive Abstieg zu Beobachtungskonsequenzen. Dabei sollen aus der Hypothese Erfahrungsbefunde abgeleitet und untersucht werden, die nicht für deren Formulierung herangezogen wurden. Eines der von Bacon angegebenen Verfahren hat besondere Berühmtheit erlangt und ist Teil der methodologischen Diskussion bis in die Gegenwart. Dies sind die so genannten *Experimenta crucis*, die eine theoretische Wegscheide markieren und eine eindeutige Ermittlung von Ursachen ermöglichen sollen (Bacon 1620, II. § 36). Dabei werden zwei Alternativen entworfen und eine von diesen durch die Erfahrung widerlegt. Dann ist die andere als richtig erwiesen.

Die von Bacon genannten Beispiele sind wegen des andersartigen wissenschaftlichen Hintergrunds heute nicht mehr ohne weiteres nachvollziehbar. Ein besser fassbarer Fall ist Isaac Newtons *Experimentum crucis* zugunsten seiner These, dass das Prisma weißes Licht in seine Bestandteile zerlegt. Nach Newtons Vorstellung ist das Prisma ein Instrument der Analyse; es fördert zutage, welche einfachen Lichtstrahlen bereits vor Anwendung des Prismas im Licht enthalten waren. Dieser Analysetheorie Newtons setzten Kritiker die Ansicht der produktiven Wirkung des Prismas entgegen. Danach bringt das Prisma die Farben aus dem weißen Licht allererst hervor. Die Farben entstehen im Licht durch die Wirkung des Instruments; ihre Entstehung ist ein Methodenartefakt und verrät nichts über die Beschaffenheit des Lichts.

Zur Entscheidung zog Newton das folgende *Experimentum crucis* heran. Wenn das Prisma eine produktive Wirkung hat, sollte sich diese auch dann zeigen, sobald ein nach Newtons Auffassung einfacher Lichtstrahl, nämlich einfarbiges Licht, auf das Prisma trifft. Zerlegt hingegen das Prisma Licht nur in seine präexistenten Bestandteile, dann sollte keine weitere Zerlegung dieser einfachen Lichtstrahlen gelingen. Newton wendete das Prisma daraufhin zunächst auf weißes Licht an, blendete aus dem entstandenen Spektrum alle Farben bis auf eine aus und ließ dieses einfarbige Licht durch ein zweites Prisma treten. Bei dieser zweiten Brechung traten keine Veränderungen des Lichts auf. Dieses Ergebnis galt Newton als Widerlegung der Produktionstheorie und als Beweis seiner Ansicht, dass das Prisma Licht in seine einfachen Bestandteile zerlegt.

Der von Bacon entworfene Argumenttypus hat die folgende Gestalt: Es sind nur zwei alternative Hypothesen zur Erklärung eines Phänomens denkbar. Entweder das Prisma produziert oder es analysiert die Farben. Beide Alternativen führen für die Anwendung des Prismas auf einfarbiges Licht zu gegensätzlichen Erwartungen. Die Beobachtung widerlegt dann eine dieser Erwartungen, so dass nur die andere übrig bleibt. *Experimenta crucis* schließen damit an die Methode des indirekten Beweises in der Mathematik an. Auf diese Weise käme man einem empirischen Beweis so nahe, wie dies in den Erfahrungswissenschaften überhaupt denkbar ist.

2.2 Der Schluss auf Ursachen: Die Millschen Regeln

Die Ermittlung von Kausalbeziehungen zählt zu den zentralen Herausforderungen der Wissenschaft. Der Schluss von den Erfahrungen auf die zugrunde liegenden Ursachen verläuft in induktiver Richtung und gilt entsprechend als ein induktives Verfahren. Die Identifikation von Ursachen anhand der Beobachtungen ist tatsächlich ein schwieriges Unterfangen, dessen Bewältigung die Millschen Regeln gewidmet sind. Diese Regeln sind von Bacons Tafeln inspiriert und bis zum heutigen Tag von hoher forschungspraktischer Relevanz.

Die von David Hume (1711–1776) formulierte *Regularitätstheorie* rückt das beständige gemeinsame Auftreten von Ursache und Wirkung ins Zentrum von Verursachungsbeziehungen. Tatsächlich stützen wir in vielen Fällen die Ermittlung von Kausalverhältnissen auf die Regelmäßigkeit der Verknüpfung von Ereignissen und unterscheiden zwischen Ursache und Wirkung anhand ihrer Zeitfolge. Auf den Blitz folgt stets der Donner, und wir schließen, dass der Blitz die Ursache des Donners ist. Ziehen schwarze Wolken auf und es beginnt zu regnen, so finden wir in jenen die Ursache für den Niederschlag.

Andererseits liegen die Verhältnisse oft komplizierter, und die Regularitätsbeziehungen führen in die Irre. Dann entfalten kausale Fehlschlüsse ihren verwirrenden Einfluss, wozu insbesondere der *Fehlschluss der gemeinsamen Ursache* zählt. Bei gemeinsamer Verursachung treten Ereignisse miteinander auf, obwohl kein direkter kausaler Zusammenhang zwischen ihnen besteht, sondern beide von einer gemeinsamen Ursache erzeugt werden. Es ist dann nicht das eine Ereignis die Ursache des anderen, sondern beide sind Wirkungen eines dritten Ereignisses.

Kausalbeziehungen dieser Art liegen der Beobachtung zugrunde, dass im Mittelalter das erreichte Lebensalter neu geborener Kinder mit der Zahl ihrer Vornamen anstieg. Die Auswertung alter Kirchenbücher lässt erkennen, dass die Kindersterblichkeit mit steigender Zahl der Vornamen sank. Dieser auf den ersten Blick absonderliche Befund erklärt sich wie folgt: Zunächst zeigt die Zahl der Vornamen die Zahl der gewählten Taufpaten an. Die betrachtete Korrelation besagt also tatsächlich, dass die Kindersterblichkeit umso geringer war, je mehr Taufpaten die Eltern benannt hatten. Nun war es aber nicht so, dass sich die Paten abwechselnd oder gemeinsam um die Gesundheit des Kindes kümmerten. Der Grund für den Zusammenhang lag vielmehr darin, dass die Benennung einer großen Zahl von Taufpaten durch die Eltern deren erhöhtes Interesse am Gedeihen des Kindes anzeigte. Die Zahl der Paten war ein Maß der Fürsorge der Eltern, und diese führte eben zur Erhöhung der Überlebensrate in Zeiten hoher Kindersterblichkeit. Der verstärkte Einsatz der Eltern ist die gemeinsame Ursache der großen Zahl der Taufpaten und der verbesserten Pflege.

Mills Methoden zur Ermittlung von Kausalbeziehungen

Die Möglichkeit kausaler Fehlschlüsse lässt verlässliche Methoden zur Identifikation von Kausalbeziehungen wünschenswert erscheinen. Höchst einflussreiche Vorschläge dafür stammen von John Stuart Mill (1806–1873), dessen drei Methoden zur Erschließung von Ursachen aus Erfahrungsbefunden den Baconschen Tafeln der Präsenz, Absenz und Intensität nachgebildet sind.

Mills *Methode der Übereinstimmung* (*method of agreement*) betrachtet diejenigen Umstände, die dem Eintreten eines Phänomens vorausgehen. Wenn es nur einen einzigen Umstand gibt, der allen diesen Situationen gemeinsam ist, dann ist dieser Umstand die Ursache des Phänomens (Mill 1881, 214). Eine solche

Schlussweise wird gern eingesetzt, um die Ursache von Krankheiten zumindest vorläufig einzugrenzen. Bei epidemiologischen Studien sucht man nach Gemeinsamkeiten in den Bedingungen, denen erkrankte Personen ausgesetzt waren. Auf solche Weise ist etwa 2002 der Infektionsweg der Krankheit SARS aufgeklärt worden. Die Untersuchung der Lebensumstände der Opfer förderte Übereinstimmungen der Ernährungsgewohnheiten zutage, die das Wirtstier zu identifizieren erlaubten und damit den Ursprung der neuen Erkrankung deutlich werden ließen.

Eine Schwäche dieser Methode besteht darin, dass eine Gruppe von Sachverhalten unübersehbar viele Gemeinsamkeiten besitzen kann. Fördert die Untersuchung einen übereinstimmenden Umstand zutage, so ist nicht garantiert, dass es sich um die einzige Gemeinsamkeit und damit um die Ursache des Phänomens handelt. Ein Kausalforscher möge am ersten Abend Whiskey mit Eis trinken, am zweiten Abend Wodka mit Eis und am dritten Cognac mit Eis. In allen drei Fällen wird er betrunken. Und weil er das klare Denken liebt, beschließt er, künftig das Eis wegzulassen (Porter 2002, 183). Eben diese Schwierigkeit tritt bei Bacons Schluss auf die Natur der Wärme als innerer Bewegung der Körper zutage. Einer der empirischen Gründe für die Verknüpfung von Wärme und Bewegung besteht für Bacon darin, dass bewegte Luft das Feuer anfacht, wie man es sich bei Blasebälgen zunutze macht (vgl. Kap. 2.1.2). Tatsächlich haben Blasebälge aber zwei gemeinsam auftretende Wirkungen: Sie bewegen die Luft und sie führen Sauerstoff zu. Sichtbar ist das Auflodern des Feuers, nicht aber ohne weiteres, welche dieser beiden Wirkungen des Blasebalgs die Ursache des fraglichen Phänomens ist.

Dieses Bedenken verdeutlicht, dass die Übereinstimmungsmethode ein Vorverständnis der möglicherweise einflussreichen

Faktoren voraussetzt. Sie benötigt eine vorangehende Eingrenzung der denkbaren Ursachen, wie sie sich üblicherweise aus einer theoretischen Analyse ergibt. Die Übereinstimmungsmethode leistet dann die Aussonderung der tatsächlichen Ursache aus einem begrenzten Spektrum von Möglichkeiten.

Mills *Methode der Unterschiede* (*method of difference*) vergleicht die Umstände, unter denen ein Phänomen in Erscheinung tritt, mit den Umständen, unter denen es sich nicht manifestiert. Wenn die Bedingungen, unter denen ein Phänomen auftritt, sich nur durch einen einzigen Faktor von den Bedingungen unterscheiden, unter denen es nicht auftritt, dann ist dieser Faktor Teil der Ursache des Phänomens (Mill 1881, 215 f.). Die Unterschiedsmethode ist in besonderer Weise geeignet, kausale Fehlschlüsse zu enthüllen. Bei gemeinsamer Verursachung wird eine isolierte Veränderung der vermeintlichen Ursache nicht die erwartete Wirkung haben.

Auf die Methode der Unterschiede gründete sich der experimentelle Nachweis, dass Entzündungen und Geschwüre der Magenschleimhaut auf das Bakterium *Helicobacter pylori* zurückgehen. Zwar ließ sich in den 1980er Jahren *H. pylori* in der Magenschleimhaut von Patienten nachweisen, aber das zeigte noch nicht, dass das Bakterium die Ursache der Entzündung war. Vielmehr konnte es sich auch als Opportunist nachträglich eingenistet haben, wenn die Magenwand durch Entzündungen vorgeschädigt war. Robin Warren, einer der Entdecker von *H. pylori*, schritt daraufhin zum Selbstversuch. Anfangs von guter Gesundheit, nahm er einen kräftigen Schluck einer Brühe, in der der Erreger kultiviert worden war, und entwickelte prompt eine voll ausgeprägte Gastritis mit Unterleibskoliken und Übelkeit. Dabei liegt der Anfangszustand fest, nämlich eine intakte Magenschleimhaut, und es wird eine einzige Veränderung eingeführt, nämlich die Infektion mit *H. pylori*. Die Folge ist eine

Entzündung, die nach der Unterschiedsmethode diesem Faktor zuzuschreiben ist. Die Kontrolle der Situationsumstände im Experiment ermöglicht somit insbesondere ein Urteil über die Abfolge der beteiligten Zustände und damit die Unterscheidung zwischen Ursache und Wirkung. Nach der Opportunisten-Hypothese hätte die Infektion auf die Entzündung folgen sollen.

Ein weiteres Beispiel für die Anwendung der Unterschiedsmethode entstammt der Kontroverse zwischen Louis Pasteur und Félix Pouchet in den Jahren um 1860 über die so genannte Urzeugung, also die Entstehung von Leben aus anderem Material als lebenden Zellen. Pouchet trat in dieser Debatte für die Urzeugung ein und war der Ansicht, Zellen könnten unter dem Einfluss von »Bildungskräften«, die organischen Molekülen innewohnen, neu entstehen. Diese Kräfte ordnen organische Moleküle zu lebenden Zellen. Pasteur war der gegenteiligen Auffassung, dass alle Zellen aus der Teilung anderer Zellen hervorgehen.

Einer der experimentellen Befunde Pouchets zugunsten der Urzeugung war, dass in abgekochten und damit scheinbar sterilen Heuproben nach Zutritt atmosphärischer Luft Mikroorganismen nachweisbar waren. Pouchet deutete dies als spontane Entstehung von Leben durch die Einwirkung von Sauerstoff auf die im organischen Material des Heus vorhandenen Bildungskräfte. Pasteurs Gegenthese war, dass diese Mikroben bereits Teil der atmosphärischen Luft gewesen waren und sich entsprechend nicht aus dem Heu entwickelten, sondern nur im Heu einnisteten und auf diesem wuchsen. Pouchet reagierte, indem er seine abgekochten Heuproben nur solchem Sauerstoff aussetzte, den er künstlich erzeugt, nämlich aus Oxiden freigesetzt hatte. Dazu wurde der Versuch unter Quecksilberabschluss durchgeführt, so dass ein Einfluss atmosphärischer Luft sicher ausgeschlossen war. Wiederum enthielten die Heuproben Mikroben. Die Argumentationskraft von Pouchets Experiment beruhte auf der Unterschiedsmethode. Pouchet entfernte denjenigen Umstand, der nach Auffassung seines Gegners die Ursache der Mikrobenbildung enthält. Das anhaltende Auftreten der Wirkung stellt daher die kausale Irrelevanz dieses Umstands unter Beweis.

Pasteur erkannte das Experiment aber nicht als beweiskräftig an und behauptete demgegenüber, das für den Luftabschluss benutzte Quecksilber sei mit Mikroben kontaminiert gewesen. Zur Stützung gab er Quecksilber auf eine Nährlösung in zuvor erhitzter, also sterilisierter Luft und stellte die Entwicklung von Mikroorganismen fest. Wenn hingegen auch das Quecksilber selbst zuvor erhitzt worden war, traten keine Mikroorganismen in Erscheinung. Pasteur schloss, dass, wenn man die präexistenten Keime entfernt, keine neuen Keime auftreten – was den Ausschluss der Urzeugung beinhaltet (Farley/Geison 1974, 179 f., 190). Auch Pasteurs Argument bringt die Unterschiedsmethode zum Tragen. Pouchet hatte das Heu für die Ursache der Entstehung der Keime gehalten. Pasteur beseitigte diesen Faktor und zeigte, dass das anorganische, vorgeblich allein als Verschlussmaterial dienende Quecksilber für die Erzeugung des Effekts hinreiche. Metalle waren jedoch auch nach Pouchets Ansicht in keinem Fall eine Quelle von Leben. Pasteur wies damit die kausale Irrelevanz eines von Pouchet für wesentlich gehaltenen Faktors nach. Auch in Pasteurs Anwendung der Differenzmethode geht es also um den Nachweis, dass bestimmte Veränderungen der Bedingungen gerade keinen Unterschied für das Resultat ergeben und deshalb nicht Teil der Ursache sind. Umgekehrt verhinderte die Erhitzung des Quecksilbers das Auftreten des Effekts. Damit demonstrierte Pasteur die kausale Relevanz eines von Pouchet als belanglos eingestuften Faktors. Pasteurs Triumph über Pouchet beruhte nicht unwesentlich auf der Anwendung der Unterschiedsmethode.

Mills *Methode der begleitenden Veränderungen* (*method of concomitant variations*) ist Bacons Tafeln der Intensität nachempfunden und primär auf graduell veränderliche Größen gerichtet, bei denen sich negative Fälle schwer aufweisen lassen. Die Identifikation von Ursachen stützt sich dann auf Korrelationen in der Ausprägung der Größen, und die Intensivierung eines vorangehenden Umstands ist von einer verstärkten Ausprägung des Phänomens begleitet. Die Methode der begleitenden Veränderungen erlaubt so den Schluss darauf, dass beide kausal miteinander verbunden sind, die Gemeinsamkeit der Variation dient als Anzeichen für Verursachung (Mill 1881, 223-229). Ein Beispiel dafür ist die frühe Vermutung eines Zusammenhangs zwischen den Gezeiten und den Eigenschaften des Mondes. Die Tidenzeiten korrelieren mit dem Stand des Mondes und die Tidenausprägungen mit der Mondphase. Dadurch sah sich schon Claudius Ptolemäus (ca. 100-170) veranlasst, vom Drängen des irdischen Wassers zum wasserartigen Mond zu sprechen; er deutete den Zusammenhang zwischen diesen Merkmalen als Ausdruck einer Kausalbeziehung.

Allerdings sind Kausalurteile auf der bloßen Grundlage begleitender Veränderungen besonders anfällig für kausale Fehlschlüsse. Ohne weitere Präzisierung liegt dieser Methode gerade der angreifbare Schluss von der Korrelation auf die Kausalität zugrunde. Daher empfiehlt Mill die Kombination dieser Methode mit den anderen. Ein Beispiel für eine solche Kombination ist die Verbindung der Methoden der Unterschiede und der begleitenden Veränderungen bei der Aufdeckung der Ursache des Kindbettfiebers durch Ignaz Semmelweis in den 1840er Jahren. Die beiden Entbindungsabteilungen des Wiener Allgemeinen Krankenhauses wiesen zu Semmelweis' Zeiten eine markant verschiedene Rate von Kindbettfieber auf. Die Station mit der geringeren Sterblichkeit wurde von Hebammen betrieben, die Station mit einer dreifach erhöhten Todesrate hingegen von Ärzten. Semmelweis suchte die Ursache dieses Unterschieds durch Veränderung einer großen Zahl von Umständen aufzufinden. So stellte er z.B. fest, dass der Priester, wenn er zu Sterbenden eilte, stets durch jene Unglücksabteilung ging, und vermutete daraufhin, der Anblick dieses Priesters, der auffällig die Wöchnerinnenstation durchquerte, versetze den geschwächten frisch Entbundenen einen solchen Schock, dass ihre Kräfte weiter nachließen und sie deshalb leichter einem Fieber zum Opfer fielen. Aber auch als Semmelweis den Priester auf anderen Wegen zu den anfallenden letzten Ölungen schickte, sank die Todesrate nicht. Nach der Unterschiedsmethode ist also der Anblick des Priesters ohne kausale Wirkung.

Nach einer Reihe ähnlicher Versuche und Irrtümer verfiel Semmelweis schließlich auf die richtige Lösung. Die Ärzte suchten nämlich die Abteilungen des Krankenhauses in einer festen Reihenfolge auf. Unmittelbar bevor sie die Todesstation betraten und dort die Wöchnerinnen untersuchten, besuchten sie die Pathologie und sezierten gegebenfalls die Leichen medizinischer Zweifelsfälle. Semmelweis kam der Gedanke, dass Leichengift die Ursache der überhöhten Erkrankungsrate war, und er hielt die Ärzte an, sich nach jedem Besuch der Pathologie die Hände zu desinfizieren, also die Ausprägung der vermuteten Ursache zu vermindern. In der Tat gingen die Todesfälle deutlich zurück; auch die Ausprägung des fraglichen Effekts verminderte sich. Nach der Methode der begleitenden Veränderungen war die Infektion mit Leichengift eine Ursache der erhöhten Todesrate (Hempel 1966, 11-19).

Semmelweis konzipierte seine korrekte Erklärung nicht in einem kühnen gedanklichen Entwurf, sondern stützte sich bei ihrer Formulierung auf eine Beobachtung. Einer der Ärzte hatte sich nämlich bei einer Obduktion mit einem Seziermesser zwar unwesentlich verletzt und starb gleichwohl kurze Zeit später mit Symptomen, die denen des Kindbettfiebers nicht unähnlich waren. Diese Beobachtung legte die Hypothese nahe, auch dieses Fieber gehe auf die Infektion mit Leichengift zurück. Wie induktivistisch gefordert, wurde die Vermutung anhand von Beobachtungen formuliert und anschließend mit Hilfe induktiver Methoden überprüft.

2.3 Hypothetisch-deduktive Prüfung

2.3.1 Die Freiheit der Hypothesenbildung

In der Geschichte der Methodenlehre ist die zweite Hälfte des 19. Jahrhunderts durch den allmählichen Übergang vom induktiven zum hypothetisch-deduktiven Ansatz charakterisiert. In hypothetisch-deduktiver Sicht ist es nicht erforderlich, dass wissenschaftliche Behauptungen durch Beobachtungen nahe gelegt werden. Vielmehr ist der Entwurf der Hypothese frei. Ihre Gültigkeit bestimmt sich im Licht ihrer Erfahrungsfolgen.

Die hypothetisch-deduktive Methode entwickelte sich in einem insgesamt Baconschen Verständnis der wissenschaftlichen Methode durch stärkere Akzentuierung des absteigenden, deduktiven Astes der Prüfung von Hypothesen. Ihre Annahme erwuchs aus dem Rückblick auf die Wissenschaftsentwicklung im 19. Jahrhundert, in deren Verlauf Theorien mit stärker beobachtungsfernen Grundsätzen ins Zentrum traten. Das galt für den Elektromagnetismus, zum Teil auch für Optik,

Wärmelehre und Chemie. Zwar entstammten viele Grundbegriffe dieser Theorien Analogiebildungen mit wahrnehmbaren Phänomenen – Lichtwellen waren konzeptionell Wasserwellen nachgebildet, die Analyse von Wärmekraftmaschinen in der Wärmestoff-Thermodynamik orientierte sich an der Funktionsweise von Mühlrädern. Aber anders als die Grundkonzepte schlossen sich die Einzelheiten nicht mehr an die Beobachtungen an. Zum Beispiel stützte sich die Herleitung und Interpretation der Maxwellschen Gleichungen der Elektrodynamik auf rein hypothetische Ladungsverschiebungen im Äther, die sich allein durch ihren Nutzen für die Theoriebildung legitimierten.

Die Wissenschaft zielte zunehmend auf die Aufdeckung von Prozessen jenseits des Beobachtbaren, sie suchte nach der Wirklichkeit hinter den Erscheinungen. Diese Emanzipation von Nicht-Beobachtungsbegriffen passte nicht mehr zu den Vorgaben der induktiven Methode mit ihrer Bindung der Hypothesenbildung an die Erfahrung. Die Aufgabe der induktiven Beschränkungen bei der Formulierung von Hypothesen schuf einen Freiraum und ließ nun auch Hypothesen zu, die sonst von vornherein ausgeschieden worden wären.

Mit dem hypothetisch-deduktiven Ansatz ging daher eine wichtige methodische Liberalisierung einher. Wissenschaftlich akzeptable Begriffe müssen keine unmittelbaren Gegenstücke in der Erfahrung besitzen. Gerade fruchtbare Begriffe sind von stärker abstrakter Natur und eben deshalb geeignet, eine Vielzahl *prima facie* verschiedener Erfahrungen miteinander zu verknüpfen. So umfasst der Begriff der elektromagnetischen Welle augenscheinlich unterschiedliche Phänomene wie Radiowellen, Wärmestrahlung, Licht und Ultraviolett. Obgleich im Beobachtungsgehalt verschieden, werden diese Phänomene übereinstimmend durch die Maxwellschen Gleichungen erfasst. Es ist gerade die Abtrennung der Begrifflichkeit vom unmittelbaren Augenschein, die eine vereinheitlichte Erfassung *prima facie* divergenter Phänomene ermöglicht.

Die Zulassung von Nicht-Beobachtungsbegriffen bringt Erschwernisse bei der empirischen Prüfung mit sich. Eine direkte Konfrontation theoretischer Behauptungen mit der Erfahrung ist dann offenbar ausgeschlossen. Für eine indirekte Prüfung leitet man aus solchen Behauptungen beobachtbare Konsequenzen ab. Man unterstellt (»hypothetisch«) deren Gültigkeit und untersucht (»deduktiv«), welche Folgen dies für empirisch zugängliche Phänomene hätte. Die Umstände der Hypothesenbildung verlieren damit die Bedeutsamkeit, die ihnen im Induktivismus zukam.

Dieser Umbruch im Verständnis der wissenschaftlichen Methode drückt sich in der Unterscheidung zwischen Entdeckungs- und Rechtfertigungszusammenhang aus (*context of discovery*, *context of justification*), die von Hans Reichenbach 1938 eingeführt wurde und seitdem große Prominenz gewonnen hat. Der Entdeckungszusammenhang betrifft die Wege, die Wissenschaftler zur Gewinnung ihrer Vermutungen und Behauptungen nutzen, die Quellen ihrer Inspiration sowie den Anlass und die Bedingungen der Formulierung von Hypothesen. Die Klärung dieser Prozesse ist eine Angelegenheit von Psychologie und Soziologie und hat mit der Geltung der Behauptungen oder den Gründen für ihre Wahrheit nichts zu tun. Letztere sind Teil des Rechtfertigungszusammenhangs, in dem gefragt wird, auf welche Weise die Behauptungen untermauert worden sind. Im einen Fall geht es um die *Genese* einer Behauptung, im anderen um die *Geltung*, und beides ist voneinander unabhängig. Die Umstände, unter denen ein Einfall zustande gekommen ist, sagt über dessen sachlichen Wert nichts aus (Reichenbach 1938, 6 f.).

Der Unterschied zwischen Entdeckungs- und Rechtfertigungszusammenhang wird bei der Geschichte der Entdeckung Amerikas augenfällig. Christoph Kolumbus operierte mit Abschätzungen des Erdumfangs, die viel zu klein waren und die auch der damaligen gelehrten Welt als grob irrig erschienen. Legte man die damals akzeptierten (und auch halbwegs korrekten) Annahmen über die Größe der Erde zugrunde, so war das Vorhaben, nach China und Indien zu segeln, mit den technischen Mitteln der Epoche unrealisierbar. Das Projekt des Kolumbus schien zum Scheitern verurteilt, und niemand zeigte Neigung, in eine solche aberwitzige Unternehmung zu investieren. Dann kam das Frühjahr des Jahres 1492 und brachte die Eroberung von Granada durch die Spanier. Granada bildete die letzte Festung der Araber in Andalusien und galt als uneinnehmbar. Der Fall Granadas wurde vom spanischen Königshof als Anzeichen dafür aufgefasst, dass man in einer Zeit der Wunder lebe. Offenbar war nichts unmöglich, und selbst das abseitige Projekt des Kolumbus besaß eine Erfolgschance. Also rüstete man drei Schiffe aus und schickte Kolumbus auf den Seeweg nach Indien – mit dem bekannten Erfolg. Der Fall Granadas ist also Teil des Entdeckungszusammenhangs der Neuen Welt, hat aber mit der Gültigkeit der Abschätzungen des Kolumbus oder der Existenz Amerikas nicht das Geringste zu tun. Wenn es um die Gründe dafür geht, dass die abenteuerliche Reise des Kolumbus nicht in einem Fiasko endete, dann spielt der Rückgewinn Andalusiens keine Rolle.

Die Vermischung von Entdeckung und Rechtfertigung oder von Genese und Geltung galt in der wissenschaftsphilosophischen Literatur der zweiten Hälfte des 20. Jahrhunderts als eine gravierende Verletzung des Rationalitätskanons. Erst Untersuchungen zur Geschichte der Methodenlehre haben wieder in den Vordergrund gerückt, dass es sich dabei um ein Spezifikum des hypothetisch-deduktiven Ansatzes und nicht um ein Charakteristikum vernünftigen Denkens generell handelt.

2.3.2 Praxis und Prinzipien des Hypothetico-Deduktivismus

Im Folgenden soll der hypothetisch-deduktive Ansatz zunächst in der konkreten Anwendung vorgeführt werden und dann einige seiner Charakteristika durch eine Entgegensetzung der methodologischen Ansätze von Bacon und Popper hervorgehoben werden.

Hypothetisch-deduktive Argumente haben in der Wissenschaftsgeschichte nicht selten eine wichtige Rolle gespielt und über die empirische Stützung von Theorien entschieden. Ein Beispiel stammt von Antoine L. Lavoisier (1743–1794), dem Urheber der so genannten Chemischen Revolution in den 1780er Jahren, der viele seiner Erfolge dem meisterhaften Einsatz hypothetisch-deduktiver Argumente verdankte. Wie eingangs gesagt, werden im Rahmen des normativen, philosophischen Zugangs nur anspruchsvoll geprüfte Theorien als Erkenntnisbeiträge akzeptiert. Diese Sichtweise stützt sich wesentlich auf Urteile der Art, dass empirische Prüfungen vom jetzt vorzustellenden Typus für die aussagekräftige Bestätigung von Wissensansprüchen geeignet sind.

Lavoisier trat mit seinen Neuerungen gegen die so genannte »Phlogistontheorie« an, die um 1700 von Georg Ernst Stahl (1660–1734) systematisch ausgearbeitet worden war. Danach handelt es sich bei der Verbrennung um eine Zerlegung: Phlogiston, ein abstrakter Träger von Eigenschaften und insbesondere der Träger der Brennbarkeit, entweicht bei der Verbrennung aus dem betreffenden Körper; unbrennbare Asche bleibt zurück. Feuer und Flamme führen schließlich zweifelsfrei vor Augen, dass etwas den brennenden Körper verlässt. Zudem ist

Asche leichter als das Brennmaterial, so dass allem Anschein nach bei der Verbrennung ein Bestandteil freigesetzt wird.

Stahl war durch eine Reihe ganz richtiger Überlegungen zu dem Schluss gelangt, dass es sich beim so genannten Rösten von Metallen im Feuer, der »Kalzination«, um einen der Verbrennung vergleichbaren Prozess handelt. Bei der Kalzination wird daher ebenfalls Phlogiston freigesetzt. Metalle und brennbare Substanzen enthalten Phlogiston; aus »Metallkalken« (den Metalloxiden) und Asche ist dieses entwichen. Dieser Ansatz bestätigt sich dadurch, dass man Metallkalke durch Zufuhr von Phlogiston wieder in die zugehörigen Metalle verwandeln kann. Holzkohle ist gut brennbar und entsprechend reich an Phlogiston; beim Glühen von Metallkalken mit Holzkohle entsteht wieder das Metall. Gemäß den Erwartungen der Phlogistontheorie hat die Zufuhr von Phlogiston den Metallkalk in das Metall verwandelt.

Gegen diese Ansicht führte Lavoisier die kurz zuvor gemachte Entdeckung an, dass »rotes Präzipitat« (Quecksilberoxid, HgO) auch durch bloßes Erhitzen mit dem Brennglas und damit ohne Einsatz einer Phlogistonquelle in metallisches Quecksilber umgewandelt werden kann. Lavoisier stellte zunächst sicher, dass es sich beim roten Präzipitat tatsächlich um regulären Quecksilberkalk handelt. Dazu reduzierte er den Stoff auf dem üblichen Wege über die Zugabe von Holzkohle; es bildete sich wie erwartet metallisches Quecksilber. Entsprechend handelte es sich bei der Erzeugung des Metalls mit dem Brennglas um die Reduktion eines Kalks ohne materielle Phlogistonquelle, und ein solcher Vorgang stellte ein Gegenbeispiel zur Phlogistontheorie dar. Es ist nämlich rätselhaft, woher das für diese Umwandlung erforderliche Phlogiston stammt. Für Lavoisier sind Metallkalke hingegen Sauerstoffverbindungen, so dass deren Reduktion die Abgabe eines Bestandteils beinhaltet und deshalb nicht zwingend auf eine äußere Quelle angewiesen ist.

Lavoisier erringt diesen Sieg durch den Einsatz hypothetisch-deduktiver Mittel. Die für diese Kontroverse maßgeblichen Prozesse sind nämlich dem bloßen Auge unzugänglich. Stahls Phlogistonabgabe und Lavoisiers Sauerstoffbindung drücken sich lediglich in den zugehörigen Erfahrungskonsequenzen aus.

Bacon versus Popper

Einer der markanten Vertreter der hypothetisch-deduktiven Zugangsweise ist Karl Popper (1902–1994). Ein Vergleich der Grundsätze seiner Methodologie mit derjenigen Bacons als dem Begründer des induktivistischen Ansatzes lässt einige der Kontraste besonders klar hervortreten. Tatsächlich bietet Popper in vielerlei Hinsicht ein genaues Gegenbild zu Bacons Bestimmung der wissenschaftlichen Methode.

Kennzeichen des Hypothetico-Deduktivismus ist das Fehlen des aufsteigenden, induktiven Astes der Hypothesenbildung. Allein der absteigende, deduktive Ast kennzeichnet die wissenschaftliche Methode. So erfolgt für Popper die positive Auszeichnung von Theorien allein dadurch, dass aus »der vorläufig unbegründeten Antizipation, dem Einfall, der Hypothese, dem theoretischen System [...] auf logisch-deduktivem Wege Folgerungen abgeleitet« und dann untereinander und mit der Erfahrung verglichen werden (Popper 1935, 7). Die Hypothesenbildung wird zum Gegenstand einer ausschließlich psychologischen Betrachtung: Das »Aufstellen der Theorie scheint uns einer logischen Analyse weder fähig noch bedürftig zu sein: An der Frage, wie es vor sich geht, daß jemandem etwas Neues einfällt [...] hat wohl die empirische Psychologie Interesse, nicht aber die Erkenntnislogik. [...] Wir wollen also scharf zwischen dem Zustandekommen eines Einfalls und Ergebnissen seiner logischen Diskussion unterscheiden und daran festhalten, daß wir die Aufgabe der Erkenntnistheorie oder Erkenntnislogik (im Gegensatz zur Erkenntnispsychologie) derart bestimmen, daß sie lediglich die Methoden der systematischen Überprüfung zu untersuchen hat, der jeder Einfall, soll er ernst genommen werden, zu unterwerfen ist.« (Popper 1935, 6) Popper betont entsprechend markant den Unterschied von Entdeckungs- und Rechtfertigungszusammenhang. Die methodologische Erörterung setzt erst ein, wenn die Hypothese fertig formuliert vorliegt.

Entlang solcher Linien hält Popper die von Bacon verworfene Hypothesenbildung durch »Antizipation des Geistes« für einen Kernbestandteil der wissenschaftlichen Methode. »Mit Bacon könnten wir die ›Auffassung, der sich jetzt die Naturwissenschaft bedient, [...] Antizipationen [...], leichtsinnige und voreilige Annahmen‹ nennen.« (Popper 1935, 223) Aber was bei Bacon das Gegenbild wahrer Wissenschaft ist, stellt für Popper deren Leitbild dar. »Nur die Idee, die unbegründete Antizipation, der kühne Gedanke ist es, mit dem wir, ihn immer wieder aufs Spiel setzend, die Natur einzufangen versuchen.« (Popper 1935, 224). Entlang solcher Linien verpflichtet Popper die Wissenschaft auf die Formulierung kühner Vermutungen. Bacon verlangt dagegen Zurückhaltung bei der Formulierung von Behauptungen. Spekulationen sind unwissenschaftlich. Popper setzt gerade umgekehrt auf kühne Hypothesen, bei denen das Risiko des Scheiterns hoch ist. Versagen solche Hypothesen dann wider alle Erwartung nicht, hat man einen bedeutenden wissenschaftlichen Durchbruch erzielt.

Diese gegensätzlichen Ausgangspunkte haben eine kontrastive Bestimmung *wissenschaftlicher Objektivität* zur Folge. Bei Bacon wird Objektivität als *Sachadäquatheit* aufgefasst. Wesentlich ist, dass keine äußeren, sachfremden Einflussfaktoren die Ermittlung der Sachverhalte und ihre Beurteilung beeinträchtigen. Dies soll eben gerade durch das Ablegen von Vorurteilen und das Aufgeben von Einseitigkeiten erreicht werden (Bacon 1620, I. § 68, I. § 97). Dagegen tritt bei Popper ein Bild, das Objektivität an *wechselseitige Kontrolle und Kritik* bindet. Vorurteile sind legitim, und ihre Vermeidung ist unmöglich. Methodologisch qualifizierte Wissenschaft zeichnet sich vielmehr durch die Kontrolle von Vorurteilen aus, indem Irrtümer und Einseitigkeiten durch Konkurrenz mit andersartigen Ansätzen in Schach gehalten werden. Die Objektivität der Wissenschaft beruht also gerade nicht auf der Objektivität der einzelnen Wissenschaftler. Es ist vielmehr der Wettstreit kontrastierender Ansätze, aus dem der Erkenntniszuwachs stammt. In diesem pluralistischen Verständnis werden Bindungen und Interessen nicht vermieden, sondern durch entgegengesetzte Bindungen und Interessen ausbalanciert (Popper 1935, 223; Popper 1969, 112).

2.4 Grenzen hypothetisch-deduktiver Prüfung: Duhems Argument

Die hypothetisch-deduktive Methode lässt allerdings Spielräume für die Bestätigung und Widerlegung von Hypothesen, die zuerst von Pierre Duhem (1861–1916) systematisch herausgearbeitet wurden und die die methodologische Diskussion des 20. Jahrhunderts nachhaltig geprägt haben. Duhem legt dar, dass die hypothetisch-deduktive Methode mit Unsicherheiten behaftet ist, die sowohl eine schlüssige Bestätigung als auch eine schlüssige Widerlegung theoretischer Hypothesen ausschließen.

2.4.1 Grenzen empirischer Bestätigung

Hypothetisch-deduktive Bestätigung enthält einen logischen Fehlschluss, nämlich den Schluss von der Geltung der Folge auf die Richtigkeit der Voraussetzung. Der Grund der Ungültigkeit besteht darin, dass sich die gleiche Folge aus anderen Voraussetzungen ergeben kann; insbesondere können dieselben Konsequenzen sowohl aus wahren als auch aus falschen Prämissen folgen.

Erklärt werden soll etwa die Beobachtung, dass Delfine Lungen besitzen. Eine Ableitung gelingt mittels des gültigen Schluss-Schemas, des *Modus ponens*, auf mehrerlei Weise:

(1) Alle Säugetiere haben Lungen; Delfine sind Säugetiere.
(2) Alle Fische haben Lungen; Delfine sind Fische.

In (2) sind die Prämissen falsch, aber die Ableitung des Beobachtungsbefunds ist gleichwohl logisch makellos. Falsche Prämissen können auf wahre Konsequenzen führen; zugleich können die gleichen Konsequenzen aber auch aus wahren Prämissen folgen. Daher kann die bloße Ableitbarkeit eines Befunds aus Prinzipien die Gültigkeit dieser Prinzipien nicht unter Beweis stellen. Auch dann bleibt es denkbar, dass sich der Befund tatsächlich auf andere Weise ergibt. Man müsste die relevanten Prinzipien unabhängig und direkt prüfen (also Säugetiere und Fische durch Sektion oder Röntgenbefund auf das Vorliegen von Lungen untersuchen). Aber dies ist im vorausgesetzten Fall theoretischer Hypothesen gerade ausgeschlossen. Solche Hypothesen enthalten Nicht-Beobachtungsbegriffe, so dass ihre Gültigkeit nicht durch bloßen Augenschein zu ermitteln ist. Das hypothetisch-deduktive Verfahren eignet sich folglich nicht für eine schlüssige Bestätigung von Hypothesen.

Empirisch äquivalente Erklärungsansätze in der geozentrischen Astronomie

Tatsächlich handelt es sich bei diesen Überlegungen nicht um lebensfremde Bedenken aus dem Logik-Lehrbuch. Vielmehr treten auch in der Wissenschaft unter Umständen Situationen auf, in denen zwei gegensätzliche Hypothesen die gleichen Beobachtungskonsequenzen haben. Duhems Beispiel ist der geozentrischen Astronomie der Alten Welt entnommen und stützt sich auf die um 200 v. Chr. gewonnene Einsicht des Apollonius von Perge, dass zwei verschiedenartige Annahmen über die Beschaffenheit der Sonnenbahn zu gleichen Ergebnissen über die beobachteten Sonnenpositionen führen.

Die geozentrische Astronomie wurde von Claudius Ptolemäus ausgearbeitet. Danach ist die Erde im Mittelpunkt des Universums angesiedelt, und alle anderen Planeten (im heutigen Sinne) sowie Sonne und Mond werden von gleichförmig umlaufenden Kugelschalen um die Erde geführt. Die Planeten rotieren zusammen mit der Fixsternsphäre täglich um die Erde und führen zusätzlich einen Jahresumlauf aus. Im Weiteren ist nur von diesem Jahresumlauf die Rede, durch den sich Sonne und Planeten täglich westwärts gegen die Sterne verschieben.

Der springende Punkt ist die ungleiche Länge der Jahreszeiten. Das Winterhalbjahr auf der Nordhalbkugel ist sechs Tage kürzer als das Sommerhalbjahr, so dass sich die Sonne im Winter schneller zu bewegen scheint als im Sommer. Übertragen auf heliozentrische Verhältnisse trifft dies genau: Die Erde bewegt sich während des Nordwinters tatsächlich schneller als während des Nordsommers. Jedenfalls widerlegt der beobachtete Jahresumlauf der Sonne dem Anschein nach den Grundsatz der Gleichförmigkeit der Himmelsbewegungen. Apollonius entwirft zwei alternative geozentrische Anordnungen zur Einfügung dieses Befunds in den hergebrachten Rahmen.

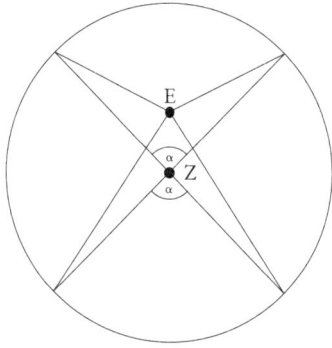

Figur 1: Exzentrische Anordnung und scheinbare Verletzung der Gleichförmigkeit

Die erste Option besteht in einer Exzenter-Theorie. Danach durchläuft die Sonne gleichförmig eine Kreisbahn mit dem Mittelpunkt Z. Die Erde befindet sich jedoch nicht dort, sondern an einer exzentrischen Position E. Aus diesem Grund ändert sich der Abstand der Sonne zur Erde mit den Jahreszeiten, so dass die der Sache nach gleichförmige Sonnenbewegung als wechselnd schnell wahrgenommen wird. Gleiche überstrichene Winkel mit Bezug auf das Zentrum der Sonnenbahn erscheinen als ungleiche Winkel mit Bezug auf die exzentrische Erde. Daher bleibt die Gleichförmigkeit trotz der zunächst entgegenstehenden Beobachtungen gewahrt.

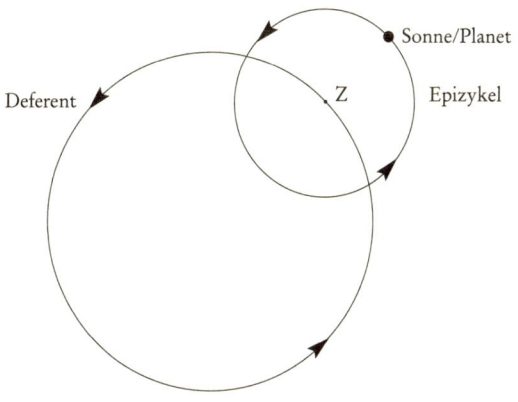

Figur 2: Deferent-Epizykel-System

Die alternative Konstruktion führt einen zusätzlichen Kreis ein, den Aufkreis oder »Epizykel«. Danach befindet sich die Erde im Mittelpunkt der kreisförmigen Sonnenbahn. Der »Deferent« oder Tragkreis ist also konzentrisch gelagert, die Sonne läuft jedoch zusätzlich auf einem Epizykel um und benötigt für diesen Umlauf genau ein Jahr. Diese einjährige Rotation des Epizykels ist auf die Verbindungslinie von der Erde zum Mittelpunkt des Sonnenepizykels bezogen, so dass der Epizykel für einen äußeren Betrachter raumfest bleibt (Duhem 1908, 6; Kuhn 1957, 67-69).

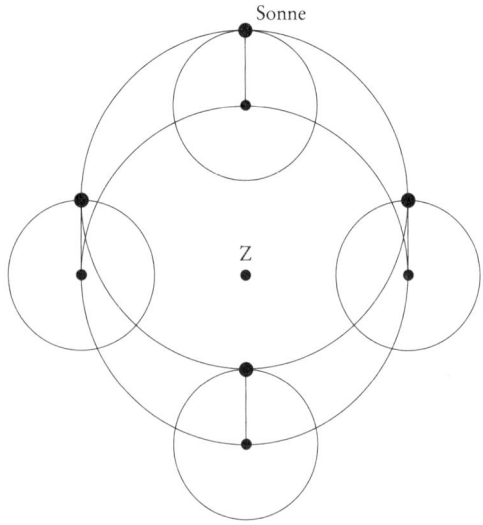

Figur 3: Konzentrischer Kreis und Epizykel: Exzentrischer Kreis

Die Annahme eines konzentrischen Kreises mit einem Korrektur-Epizykel führt auf die gleichen Beobachtungskonsequenzen wie die Hypothese eines exzentrischen Hauptkreises. Es handelt sich um empirisch äquivalente Erklärungsansätze, zwischen denen sich nicht durch Erfahrung entscheiden lässt. Hingegen liegt auf der theoretischen Ebene eine klare Unverträglichkeit vor. Denn theoretisch ist es sicher ein Unterschied, ob die Sonne eine einheitliche Kreisbewegung oder eine Überlagerung zweier Kreisbewegungen ausführt. Eine schlüssige Bestätigung von Theorien scheitert an dieser Möglichkeit theoretisch unverträglicher, aber empirisch äquivalenter Hypothesensysteme. Es ist stets damit zu rechnen, dass eine gegebene Menge von Befunden, die sich aus einer Theorie ergibt, auch Folge einer anderen, mit der ersten unverträglichen Theorie ist. Dieser Spielraum der Wissenschaft gegenüber der Natur begründet eine Unterbestimmtheit der Theorie gegenüber der Erfahrung (vgl. Kap. 4.1).

Modernere Beispiele empirisch äquivalenter Erklärungsansätze sind im 19. Jahrhundert die Wellen- und Teilchentheorie des Lichts, die auf die gleichen Gesetzmäßigkeiten der geometrischen Optik führten, sowie in der Gegenwart die Standard-Quantenmechanik und die auf David Bohm zurückgehende alternative Darstellung durch verborgene Parameter.

2.4.2 Grenzen empirischer Widerlegung

Bei der empirischen Widerlegung von Hypothesen durch Aufweis von Gegenbeispielen besteht ein Vorzug gegenüber der Bestätigung zunächst darin, dass sie sich auf die gültige Schlussform des so genannten *Modus tollens* stützen kann. Wenn aus einer Hypothese zusammen mit Annahmen über die vorliegenden Situationsumstände ein Beobachtungsbefund folgt und sich dieser Befund dann nicht findet, ergibt sich die Falschheit der Hypothese durch logischen Schluss. Der Hypothese ist lediglich die Beschreibung der einschlägigen Einzelumstände oder »Randbedingungen« hinzuzufügen. Ergänzt man also die Hypothese, dass alle Schwäne weiß sind, durch die Randbedingung, dass es sich bei dem Tier mit dem Eigennamen Cygnus um einen Schwan handelt, dann ist zu schließen, dass Cygnus ein weißes Federkleid besitzt. Stellt sich Cygnus als schwarz heraus, ist aber zweifelsfrei ein Schwan, so folgt, dass nicht alle Schwäne weiß sind.

Duhem hebt dagegen hervor, dass in wissenschaftlich relevanten Fällen nur sehr selten eine einzelne Hypothese mit empirischen Befunden konfrontiert werden kann. Vielmehr ergeben sich beobachtbare Konsequenzen in der Regel erst bei Einbettung der Hypothese in einen theoretischen Kontext. Man muss etwa Hintergrundwissen heranziehen, wenn man greifbare empirische Folgen aus einer Hypothese ableiten will; und gewöhnlich sind die betreffenden Effekte nicht mit dem bloßen Auge zugänglich, sondern nur mit Hilfe von Messgeräten nachweisbar. Damit gehen aber weitere Annahmen in die Betrachtung ein, nämlich die so genannten Beobachtungstheorien, die die Funktionsweise der Instrumente beschreiben (vgl. Kap. 3.4). Die Folge ist, dass bei der empirischen Prüfung ein Hypothesengeflecht zur Anwendung kommt, in das neben der als prüfungsbedürftig geltenden Hypothese Teile des Hintergrundwissens, Beobachtungstheorien und andere Annahmen Eingang finden. Angenommen die erwartete Beobachtungskonsequenz findet sich nicht, dann kann daraus lediglich gefolgert werden, dass *irgendeine* der eingesetzten Hypothesen falsch sein muss. Aber Logik und Erfahrung zeichnen nicht eindeutig eine besondere Annahme als irrtümlich aus.

Im Resultat erlaubt die bei der empirischen Erschütterung eingesetzte Schlussform gerade nicht die Widerlegung von einzelnen Hypothesen, sondern lediglich von größeren Hypothesengeflechten. Natürlich kann man jede der einschlägigen Annahmen in weiteren, andersartigen Untersuchungen ihrerseits prüfen. Aber alle diese Prüfungen müssen dann wieder andere Hilfsannahmen heranziehen und so weiter. Logik und Erfahrung allein erzwingen nicht die Verwerfung einer spezifischen Hypothese.

Spielraum für die Anpassung von Theorien bei scheinbaren Widerlegungen

Aus solchen Beschränkungen der empirischen Prüfbarkeit entsteht ein Spielraum bei der Einpassung einer widrigen Beobachtung oder Anomalie in eine Theorie. Das oben vorgestellte Beispiel aus der geozentrischen Astronomie führt auch diesen Schluss vor Augen. Die Beobachtung der ungleichen Länge der Jahreszeiten spricht nämlich zunächst für eine Verlangsamung der Jahresbewegung der Sonne während des Nordsommers und stellt damit eine Widerlegung des Prinzips der gleichförmigen Kreisbewegungen der Himmelskörper dar. Tatsächlich sind aber die beiden genannten Konstruktionen der exzentrischen und epizyklischen Bewegungen geeignet, dieses Prinzip zu retten. Die Exzenter-Hypothese gibt statt der Gleichförmigkeit den Grundsatz auf, dass sich die Erde im Mittelpunkt aller kosmischen Kugelschalen befindet, die Epizykel-Hypothese lässt die Ansicht fallen, dass die Himmelskörper nur eine einzige gleichförmige Bewegung ausführen.

Eine zweite Schwierigkeit warf das zeitweise Auftreten so genannter retrograder Bewegung auf. Dabei beschreibt ein Planet wie der Mars relativ zu den Fixsternen eine schleifenförmige Bahn und nimmt anschließend seine normale Jahresbewegung wieder auf. Heliozentrisch gesehen besteht der Grund darin, dass die Erde den Mars in ihrem Jahreslauf um die Sonne überholt, aber eine solche Erklärung stand vor dem Hintergrund der Zentralstellung und Unbeweglichkeit der Erde natürlich nicht zur Verfügung. Im Rahmen der Alten Astronomie warf die Retrogression das Problem auf, dass die Bewegung des Mars nicht kreisförmig ist, sondern aus einer Abfolge von Schleifen besteht. Es handelt sich um eine Anomalie, die die Richtigkeit eines zentralen Prinzips der astronomischen Theorie unterhöhlt.

Das Deferent-Epizykel-System erklärt das Auftreten von Retrogression dadurch, dass sich die Richtung der epizyklischen Bewegung ständig ändert und sich dadurch mit der Deferentenrotation zu unterschiedlichen Beträgen der resultierenden Winkelgeschwindigkeit summiert (vgl. Figur 2, S. 47). Der Planet bewegt sich gleichförmig auf dem Epizykel; das Zentrum des Epizykels rotiert seinerseits gleichförmig um den Mittelpunkt des Deferenten. Die Rotation von Deferent und Epizykel wird gleichsinnig angesetzt. Die von der Erde aus beobachtete Bewegung des Planeten stellt sich als Überlagerung dieser beiden gleichförmigen Kreisbewegungen dar. Bei gleichem Umlaufsinn von Deferent und Epizykel sind am entferntesten Punkt der Bahn Epizykel- und Deferentenbewegung gleichgerichtet; die Winkelgeschwindigkeiten addieren sich, und der Planet bewegt sich besonders schnell. Am erdnächsten Punkt schlagen sich Deferenten- und Epizykelumlauf in entgegengesetzt gerichteten Verschiebungen nieder. Durch geeignete Anpassung der Rotationsgeschwindigkeiten lässt sich erreichen, dass die resultierende Bewegung gegenläufig erfolgt. Dadurch führt der Planet eine schleifenförmige Bewegung am Nachthimmel aus – wie es den Beobachtungen entspricht. Als unmittelbare Folge tritt retrograde Bewegung dann auf, wenn der Planet der Erde am nächsten ist. Folglich sollte er genau dann am hellsten erscheinen – wie es beim Mars tatsächlich der Fall ist.

Beide Beispielfälle demonstrieren den Spielraum für theoretische Anpassungen beim Auftreten von widerstreitenden Beobachtungen. Die ungleiche Länge der Jahreszeiten spricht dem Augenschein nach gegen die Gleichförmigkeit der Sonnenbewegung, das Auftreten von Retrogression gegen die Kreisförmigkeit der betreffenden Planetenbewegungen. Tatsächlich wurden aber keineswegs die Prinzipien der Gleichförmigkeit und Kreisförmigkeit aufgegeben, sondern stattdessen die Hilfskonstruktionen von Exzentern und Epizykeln eingeführt und diese Prinzipien mit den scheinbar entgegenstehenden Befunden in Einklang gebracht. Zwar sind theoretische Anpassungen erforderlich, um den anomalen Befunden Rechnung zu tragen, aber diese Anpassungen können auch an randständigen Hypothesen ansetzen.

Duhems Analyse der hypothetisch-deduktiven Prüfung von Theorien führt damit zu einem Anpassungsspielraum, der als »Duhems Problem« bezeichnet wird: Ein empirischer Misserfolg erschüttert keine spezifische Annahme, sondern das gesamte Netzwerk beteiligter Hypothesen. Jede nähere Eingrenzung des Fehlergrunds beruht auf zusätzlichen Faktoren, insbesondere dem »Vertrauen«, das man den Hypothesen entgegenbringt und bei dessen Bestimmung der »gesunde Menschenverstand« eine bedeutende Rolle spielt (Duhem 1906, 243-249, 291-293).

Duhems Argument richtet sich insbesondere gegen die Möglichkeit von *Experimenta crucis*, mit deren Hilfe Bacon eindeutig zwischen rivalisierenden Hypothesen entscheiden wollte (vgl. Kap. 2.1.3). Erstens ist nämlich keine der alternativen Annahmen tatsächlich zu widerlegen, und zweitens kann man niemals sicher sein, dass die beiden vorgelegten Hypothesen den Spielraum möglicher Erklärungen eines Phänomens ausschöpfen (Duhem 1906, 253).

Lavoisier hielt sein Experiment zur Umwandlung von »rotem Präzipitat« in Quecksilber ohne materielle Phlogistonquelle für eine Widerlegung der Ansicht, dass bei der Reduktion von Metallkalken ein Bestandteil aufgenommen wird, und für eine entscheidende Bestätigung seiner eigenen Auffassung, der zufolge dabei Sauerstoff abgegeben wird (vgl. Kap. 2.3.2). Tatsächlich formulierten die Verteidiger aber eine neue Version der Phlogistontheorie, wonach Phlogiston der »reine Lichtstoff« ist. Schließlich entspricht es allen Erfahrungen, dass das aus dem brennenden Körper austretende Feuer leuchtet. Dieser Lichtstoff sollte aber ohne weiteres in der Lage sein, durchsichtige Gefäßwände zu durchdringen. Bei der Reduktion von rotem Präzipitat mit dem Brennglas stellt somit das konzentriert einfallende Licht das erforderliche Phlogiston bereit. Lavoisiers Experiment wird als empirische Bestätigung der Annahme gedeutet, dass auch das Licht Phlogiston enthält. Ganz im Sinne Duhems verdeutlicht dieser Gegenentwurf die Möglichkeit einer zusätzlichen Erklärungsoption und damit die Ausdeutbarkeit von Erfahrungsbefunden. Es ist nicht ohne weiteres deutlich, wogegen oder wofür ein Experiment spricht. Entsprechend lassen sich auch einzelne Hypothesen nicht durch Ausschluss aller Alternativen zweifelsfrei etablieren.

3. Die Theoriebeladenheit der Beobachtung

3.1 Hypothesen und die Strukturierung von Daten

Wie gezeigt, ist der Induktivismus durch die Forderung charakterisiert, dass legitime Hypothesen durch die Beobachtungen nahe gelegt sein müssen. Daneben tritt traditionell eine weitere Forderung, wonach in die Gewinnung von Tatsachen keine Theorien eingehen sollen. Im ersten Schritt wird die Datengrundlage »vorurteilsfrei«, also ohne vorgängige Annahmen ermittelt, im zweiten Schritt werden auf dieser Grundlage Hypothesen gebildet. Vorgesehen ist also eine einseitige Abhängigkeit beider Ebenen: Verallgemeinerungen werden aus Tatsachen gebildet, aber Tatsachen sind von Verallgemeinerungen unabhängig.

Diese Asymmetrie ist oft in Zweifel gezogen worden. Einer der verbreiteten Einwände gegen die Haltbarkeit der induktivistischen Sichtweise lautet, dass die Ermittlung des wissenschaftlichen Datenbestands auf Hypothesen und Theorien angewiesen ist. Theorien werden nicht allein aus Beobachtungen gebildet und durch diese geprüft, sondern auch umgekehrt Beobachtungen durch Theorien geprägt. In der Fassung von Carl Hempel (1905–1997), einem der führenden Vertreter des Logischen Empirismus und Urheber einer breit rezipierten Theorie der wissenschaftlichen Erklärung, lautet dieser Einwand: Da man niemals sämtliche Tatsachen dokumentieren kann, muss man sich auf die relevanten Tatsachen beschränken. Die Relevanz von

Tatsachen kann aber nicht nach deren Beschaffenheit oder der Natur des Problems beurteilt werden, sondern allein in Bezug auf eine gegebene Hypothese. Es sind Vermutungen zu Problemlösungen, die die Wichtigkeit bestimmter Untersuchungen nahe legen und die die Signifikanz von Tatsachen oder Unterscheidungen begründen. Aus diesem Grund ist die Forderung inadäquat, Hypothesen erst nach Sammeln der Daten einzuführen (Hempel 1966, 22-24).

Die Rückwendung zu Mills Methoden lässt diesen Gedanken plastischer hervortreten. Diese sehen vor, die Eigenschaften von Sachverhalten miteinander in Beziehung zu setzen. Aber welche Eigenschaften überhaupt in Betracht zu ziehen sind, wird erst vor dem Hintergrund von Hypothesen deutlich. So ergibt sich bei Semmelweis' Untersuchungen zum Kindbettfieber die mögliche Relevanz des üblichen Wegs des Priesters durch die Klinik nicht aus dem Problem, den Grund der erhöhten Todesrate zu finden. Dieser Umstand wird vielmehr erst vor dem Hintergrund der Annahme eines psychologischen Mechanismus relevant, der zufolge sich die frisch entbundenen Frauen gleichsam zu Tode erschrecken. Ebenso tritt in der Kontroverse zwischen Pasteur und Pouchet das Heu für Pouchet erst durch die Hypothese der Urzeugung in den Mittelpunkt. Der Grund ist, dass es sich um organisches Material handelt. Entsprechend setzt Pasteur mit Argumenten für seine entgegengesetzten Vorstellungen am anorganischen Quecksilber an.

Insgesamt erbringen also Theorien, Hypothesen und Modelle eine wichtige Leistung bei der Strukturierung von Daten, indem sie deutlich machen, welche Art von Befunden überhaupt in Betracht zu ziehen ist. Die übergreifenden Erklärungsansätze identifizieren relevante Kenngrößen und konstituieren damit den begrifflichen Raum für die Formulierung sinnvoller

Untersuchungsfragen und den Entwurf fruchtbarer Forschungsvorhaben. Diese Strukturierungsleistung von Hypothesen oder Theorien für Daten besagt dabei keineswegs, dass sich die Erwartungen stets bestätigen; es werden bestimmte Eigenschaften als möglicherweise signifikant herausgehoben. Resultat einer solchen Strukturierung ist also nicht die umstandslose Bestätigung von Erwartungen, sondern deren genauere Untersuchung. Genau dies wird bei den genannten Beispielen deutlich. Zwar waren Semmelweis' und Pouchets Befunde durch ihre Hypothesen strukturiert, stützten aber keineswegs alle diese Hypothesen.

Die Wissenschaftsgeschichte stellt weitere Beispiele für eine solche Strukturierung der Daten durch theoretische Annahmen bereit. Nicht selten werden nämlich scheinbar offenkundige Muster in den Daten erst wahrgenommen, nachdem man unter der Anleitung einer Hypothese das Augenmerk gezielt darauf richtete. Erst als John Daltons Atomtheorie von 1808 das Gesetz der multiplen Proportionen vorhergesagt hatte, wurden die betreffenden Beziehungen registriert. Dieses Gesetz bezieht sich auf mehrfache Verbindungen der gleichen Stoffe (wie CO und CO_2, N_2O, NO und NO_2) und postuliert, dass die Reaktionsgewichte eines der beteiligten Stoffe bezogen auf ein festes Reaktionsgewicht des anderen im Verhältnis kleiner ganzer Zahlen stehen. Bei CO und CO_2 bildet etwa das Gewicht des Sauerstoffs mit Bezug auf ein festes Gewicht des Kohlenstoffs ein Verhältnis von eins zu zwei.

Vor der Formulierung von Daltons Theorie war die Zusammensetzung von Verbindungen stets über die Gewichtsanteile der Elemente am Gesamtgewicht bestimmt worden, und in diesen Angaben finden sich keine ganzzahligen Verhältnisse. Der numerischen Einfachheit halber sei angenommen, dass das Gewicht eines Sauerstoffatoms ein Drittel über dem Gewicht eines Kohlenstoffatoms liegt, so dass ein Kohlenstoffgewicht von 1 einem Sauerstoffgewicht von 4/3 gegenübersteht. Dann ergibt sich für den Sauerstoffanteil im Kohlenmonoxid: 4/3 : 7/3, also 4/7 oder 57 %. Der Sauerstoffanteil im Kohlendioxid beträgt dagegen 8/3 : 11/3, also 8/11 oder 73 %. Erst die Theorie zeigte, dass das Verhältnis der Gewichte der Bestandteile zueinander und nicht deren Anteil am Gesamtgewicht der entscheidende Parameter war. Zugleich ist deutlich, dass die Theorie nicht garantierte, dass sich bei solchen mehrfachen Verbindungen die Gewichte tatsächlich stets wie kleine ganze Zahlen verhalten.

Insgesamt rückt nicht selten erst die theoriegeprägte Analyse Kenngrößen in den Blickpunkt, zwischen denen aussagekräftige Beziehungen bestehen. Solch eine theoretische Auszeichnung von empirischen Zusammenhängen lässt dabei durchaus Raum für deren Überprüfung anhand der Erfahrung. Zwar strukturieren Hypothesen die Erfahrungen, garantieren aber nicht die Übereinstimmung beider.

3.2 Beobachtung, operationale Verfahren und theoretische Begriffe

Hypothesen lenken also das Augenmerk auf Beziehungen und vermögen Wichtiges von Unwichtigem zu trennen; sie sind aber anhand von Beobachtungen zu prüfen. Tatsächlich ist die Übereinstimmung mit der Erfahrung die wichtigste Quelle der Autorität der Wissenschaften. Dieses Urteil stützt sich darauf, dass Beobachtungen nicht der Willkür des Menschen unterworfen sind und sich in der Regel nicht seinen Wünschen und Bestrebungen fügen.

Im Einzelnen zeichnen sich Beobachtungen durch *Stabilität*, *Kohärenz* und *Intersubjektivität* aus. Beobachtungen vermitteln über größere Zeitspannen hinweg unveränderte Eindrücke der Sachverhalte, die auch durch große willentliche Anstrengung nur selten grundlegend zu beeinflussen sind. Bei Beobachtungen passen die von verschiedenen Sinnesmodalitäten gelieferten Befunde gut zusammen. Wir können die Trompete nicht allein sehen, sondern auch fühlen, hören oder gar selbst blasen. Endlich können Beobachtungen durch andere Personen bestätigt werden und sind folglich nicht in das Belieben des Menschen gestellt. Diese Widerständigkeit legt nahe, dass Beobachtungen stattdessen durch den betreffenden Sachverhalt geprägt sind (Goldman 1997, 526f., 537, 542).

Zwar ist die Sachangemessenheit von Beobachtungen nicht direkt überprüfbar, da man nicht Beobachtung und Sachverhalt miteinander vergleichen kann, sondern nur Beobachtungen mit Beobachtungen. Andererseits ist der Zusammenhang zwischen Beobachtungen, wie er in den drei genannten Merkmalen zum Ausdruck kommt, alles andere als selbstverständlich. Traumbilder und Halluzinationen sind weder stabil noch kohärent noch intersubjektiv. Es ist wohl denkbar, dass ein cartesischer Dämon oder ein Matrix-Programmierer sein übles Spiel treibt mit uns Menschen und die Sinneswahrnehmungen verzerrt. Aber es müsste sich um systematische und ausgreifende Täuschungsmanöver handeln, die sich auf hinreichend große Raumbereiche und Zeitdauern erstrecken, sämtliche Sinnesmodalitäten umfassen und alle Menschen einbeziehen. Da für eine solche groß angelegte Konspiration letztlich wenig spricht, bleibt die Alternative, dass Beobachtungen Aufschluss über Sachverhalte vermitteln.

Beobachtungen in diesem Verständnis sind zunächst Wahrnehmungen mit dem bloßen Auge (oder anderen Sinnesorganen), in die keine Schlussfolgerungen einfließen. Beobachtungen entstehen nicht durch bewusste Verarbeitung, dem Erleben nach sind sie vielmehr unvermittelt und direkt. Über Beobachtungen dieser Art können wir uns in der Regel leicht verständigen. Diese Fähigkeit, auf der Ebene der Beobachtungen zu einem Konsens zu gelangen (also die Intersubjektivität von Beobachtungen), trägt zu deren Sonderstellung im Erkenntnisprozess bei.

Die Anwendung wissenschaftlicher Begriffe ist oft an den Einsatz von Beobachtungs- und Messverfahren gebunden. Die Position des Operationalismus legt auf diese enge Erfahrungsbindung großen Wert und besteht darauf, dass sich jeder legitime wissenschaftliche Begriff an ein Beobachtungs- oder Messverfahren anschließt, das seine Anwendung auf die Erfahrung regelt. Diese Position übt vor allem auf die Methodologie der Sozialwissenschaften einen anhaltenden Einfluss aus. Zum Beispiel sind in der Psychologie die früheren, intuitiv geprägten Urteile über Persönlichkeitsmerkmale und deren Zusammenhänge verschwunden und haben der Anwendung standardisierter Testverfahren Platz gemacht. Dies wird im Kontrast besonders augenfällig. Ernst Kretschmer hatte 1921 einen Zusammenhang zwischen »Körperbau und Charakter« postuliert und drei grundlegende menschliche Konstitutionstypen entworfen. Der Athletiker ist kräftig gebaut, aber von zähflüssigem Gedankengang; der Leptosom ist schmalwüchsig und ruht gedanklich in seiner eigenen Welt; der Pykniker ist fettleibig und dabei sinnenfroh, weltoffen und kontaktfähig. Aber diese mit flüchtigem Strich gezeichneten Charaktertypen sind ausdeutungsfähig und in den zugehörigen empirischen Merkmalen nur unzulänglich konkretisiert. Der Operationalismus drängt auf die Präzisierung derart verschwommener Begriffsbildungen durch Angabe von Kriterien für ihre Anwendung auf die Erfahrung. Operationalisierungen von Kretschmers drei Typen sind tatsächlich angegeben worden, so dass die Behauptung des Zusammenhangs von Körperbau und Charakter der empirischen Prüfung unterworfen werden konnte. Im Resultat ließen sich die behaupteten drei Gruppen von Merkmalshäufungen nicht statistisch signifikant identifizieren.

Solche Episoden verdeutlichen zunächst, dass die Forderung klarer Anwendungskriterien eine Stärkung der Prüfbarkeit und eine Steigerung der Objektivität der Prüfung zur Folge hatte. Der Operationalismus beinhaltet ein Drängen auf klare empirische Fassbarkeit von Behauptungen, was im vorliegenden Fall dazu beitrug, Kretschmers ausgreifende psychologische Thesen als Persönlichkeitsklischees zu entlarven. Andererseits kann die Verfügbarkeit eines Messverfahrens nicht den alleinigen Maßstab der Legitimität wissenschaftlicher Begriffe bilden. Man kann Größen operational umreißen, die ohne jede Relevanz sind und aus deren Ermittlung rein gar nichts zu lernen ist. Carl Hempel gibt als fiktives Beispiel das »Grölter einer Person« an, das sich als Produkt der Größe der Person in Zentimetern und ihres Alters in Jahren definieren lässt. Aus operationalem Blickwinkel wäre daran wenig auszusetzen: Die Anwendungsbedingungen des Begriffs sind eindeutig bestimmt, und seine Präzision ist relativ hoch. Was aber fehlt, ist ein Zusammenhang mit anderen Kenngrößen der Person oder ihres Umfelds. Wissenschaftlich sinnvolle Begriffe verlangen nicht allein Bindungen an die Erfahrung, sondern auch theoretische Tragweite (Hempel 1952, 47; Hempel 1966, 127-133).

Die Zweistufenkonzeption der Wissenschaftssprache

Die spätere Entwicklung der Theorie der Wissenschaftssprache ist durch die zunehmende Akzentuierung dieser theoretischen Tragweite gekennzeichnet. In der vor allem von Rudolf Carnap und Carl Hempel in den 1950er Jahren im Rahmen des Logischen Empirismus formulierten *Zweistufenkonzeption* (Carnap 1956; Hempel 1952; Hempel 1958) werden Begriffe zweier Sprachstufen unterschieden: Beobachtungsbegriffe und theoretische Begriffe. Beobachtungsbegriffe (z.B. »blau«, »kalt«, »weich«) können auf der Grundlage einiger weniger Wahrnehmungen auf Sachverhalte angewendet werden. Weder apparative noch theoretische Hilfsmittel sind erforderlich, um zu entscheiden, ob der Himmel blau, der Bach kalt und das Sofa weich ist. Anders steht es mit theoretischen Begriffen. Darunter fallen etwa »Masse«, »elektrische Ladung«, »Lichtwellenlänge« oder »Temperatur«. Theoretischen Zuständen sind dabei (abgesehen von Ausnahmefällen) durchaus Beobachtungs- und Messverfahren zugeordnet. Die Beziehungen zwischen beiden sind jedoch stärker indirekt und verwickelt, so dass es sich um eigenständige Bereiche der Begriffsbildung handelt. Dies soll im Folgenden am Beispiel des Temperaturbegriffs skizziert werden.

Das wichtigste Merkmal besteht darin, dass ein theoretischer Begriff durch eine Mehrzahl von Beobachtungsverfahren charakterisiert wird. Man kann Temperaturen durch viele verschiedene Methoden messen. Wir finden Flüssigkeitsthermometer (die Temperaturunterschiede durch die thermische Expansion einer Flüssigkeitssäule anzeigen) oder Widerstandsthermometer (die die Abhängigkeit des elektrischen Widerstands von der Temperatur nutzen). Ein anderes Messverfahren greift auf den Zusammenhang zwischen der Farbe glühender Körper und deren Temperatur zurück. Noch wieder anders funktioniert das Auftriebsthermoskop, das »Galilei-Thermometer« (dessen Grundlage die Abnahme der Dichte einer Flüssigkeit mit der Temperatur und der entsprechend sinkende Auftrieb ist).

Zweitens wird die Funktionsweise der Anzeigeinstrumente durch Naturgesetze beschrieben. Die Zuordnung von Beobachtungsindikatoren und Messverfahren zu einem theoretischen Zustand hängt von bestimmten Sachvoraussetzungen ab. So beruht die Eignung von Flüssigkeitsthermometern für die Temperaturmessung auf dem Gesetz der thermischen Expansion. Die Beziehung zwischen Begriff und Beobachtungsmerkmal kann demnach nicht nach dem Muster sprachlicher Konventionen aufgefasst werden.

Drittens ergibt sich daraus, dass Fortschritte in der Erkenntnis naturgesetzlicher Zusammenhänge Änderungen der zugeordneten empirischen Indikatoren zur Folge haben können. Im Verlauf der Wissenschaftsentwicklung können Beobachtungsmerkmale und Messverfahren zu den Indikatoren eines theoretischen Zustands hinzugefügt oder umgekehrt als unzuverlässig ausgeschieden werden. Viertens ist die Indikatorenzuordnung unvollständig; die Beobachtungsmerkmale und Messverfahren schöpfen in aller Regel nicht den gesamten Wertebereich der betreffenden theoretischen Größe aus.

Die Zweistufenkonzeption rückt daher die wissenschaftliche Begriffsbildung durch Bedingungen von zweierlei Arten der Beschränkung in den Vordergrund. Erstens sollen den Begriffen empirische Merkmale zugeordnet sein, zweitens sollen sie sich zur Formulierung aussagekräftiger Theorien eignen. Begriffe gewinnen theoretische Tragweite dadurch, dass sie in Netzwerke von Verallgemeinerungen eingehen und auf diese Weise eine Vielzahl von Phänomenen miteinander verknüpfen. Die Erklärungsrelevanz von Begriffen ergibt sich, weil sie Teil eines Geflechts von Beziehungen sind, das bei Vorliegen bestimmter Erfahrungsbefunde den Schluss auf andere Erfahrungen ermöglicht. Gerade wegen ihrer stärkeren Lösung von den Besonderheiten des jeweiligen Datenmaterials sind theoretische Begriffe besser für die Angabe übergreifender Gesetze und Theorien geeignet.

3.3 Semantische Theoriebeladenheit der Beobachtung

Die Vertreter der Zweistufenkonzeption wollten in empiristischem Verständnis den Einfluss der Theorie auf die betreffenden Begriffe durch die Auswahl angemessener Begriffsbildungen beschränken. Die Vertreter der *semantischen Theoriebeladenheit der Beobachtung* sehen weiter gehend die Bedeutung theoretischer Begriffe durch den zugehörigen theoretischen Zusammenhang bestimmt. Dieser Schritt wurde im Rahmen der *Kontexttheorie der Bedeutung* getan, wie sie führend durch Norwood Hanson, Thomas Kuhn und Paul Feyerabend ab etwa 1960 vertreten wurde.

Die Kontexttheorie schließt sich an die so genannte Gebrauchstheorie der Bedeutung an, die auf den späten Wittgenstein zurückgeht und die die in einer Sprachgemeinschaft – oder »Lebensform« – vorherrschenden Regeln der Verwendung von Wörtern und Sätzen mit deren Bedeutung identifiziert. Eine Leitvorstellung der Kontexttheorie ist die Begriffsbestimmung der Figuren eines Schachspiels. Die Begriffe »Turm« oder »Springer« lassen sich nicht dadurch erläutern, dass man auf die zugehörigen Figuren zeigt. Vielmehr sind die Regeln anzugeben, nach denen mit diesen Figuren operiert wird. Diese Regeln erstrecken sich mit Begriffen wie »Schlagen«, »Rochade« oder »Schach« auch auf Wechselbeziehungen zwischen den Figuren. Entsprechend wird die Bedeutung eines solchen Begriffs durch das Geflecht von Beziehungen gestiftet, das dieser zu anderen Begriffen aufweist. Die Bedeutung eines Begriffs ergibt sich aus dessen Integration in ein Netzwerk von Begriffen (Hanson 1958, 61).

Nach dem gleichen Muster wird die Bedeutungsbestimmung wissenschaftlicher Begriffe vorgestellt. Die Behauptung ist, dass diese Bedeutungen durch den zugehörigen theoretischen Kontext fixiert werden. Einen wichtigen Teil dieses Kontextes bilden Naturgesetze, welche als einschlägige Verwendungsregeln zu gelten haben. Naturgesetze stellen Verbindungen zwischen Begriffen oder Aussagen her und tragen daher wesentlich zum semantischen Netzwerk bei, das Bedeutungen konstituiert (Hanson 1958, 61 f.; Kuhn 1989, 15). So ergibt sich die Bedeutung eines Begriffs wie »magnetisches Feld« aus seiner naturgesetzlichen Einbindung. Die zugehörigen Gesetze besagen etwa, dass ein magnetisches Feld einen stromführenden Leiter umgibt oder dass veränderliche Magnetfelder elektrische Spannungen erzeugen. Zusammenhänge dieser Art legen die Bedeutung des Begriffs fest.

Bereits nach Ansicht des Logischen Empirismus findet im Labor die Beobachtungssprache kaum jemals Verwendung. Dies gilt noch stärker im Rahmen der Kontexttheorie. Ihr zufolge werden für die Beschreibung der Datenlage Begriffe eingesetzt, deren Bedeutung vom zugehörigen theoretischen Zusammenhang geprägt ist. Dies ist die These der semantischen Theoriebeladenheit der Beobachtung.

Der Einfluss einer Theorie auf die Bedeutung von Beobachtungsbegriffen wird dann besonders augenfällig, wenn sich die einschlägige Theorie wandelt – mit der Folge, dass auch die zugehörigen Beobachtungsaussagen revidiert werden. Ein berühmt gewordenes Beispiel Kuhns verdeutlicht diesen Zusammenhang. Der Begriff »Planet« wird offenbar bei der Beschreibung von Beobachtungen verwendet. Man sagt etwa: »Der Planet Mars strahlt gegenwärtig besonders hell« oder: »Der Planet Venus ist gegenwärtig am Abendhimmel sichtbar«. Obwohl also Planeten mit dem bloßen Auge wahrnehmbar sind, veränderte der Begriff durch die kopernikanische Revolution seine Bedeutung und seinen Gegenstandsbezug. Die ursprüngliche, geozentrisch gestützte Begriffsbestimmung von

»Planet« lautete: Himmelskörper, der sich relativ zu den Sternen verschiebt. Die Planeten verändern täglich ihre Position zu den Sternen und wandern im Jahreslauf durch den Sternenhimmel. Planeten in diesem Sinne sind Mars, Sonne und Mond, aber nicht die Erde. In der kopernikanischen Theorie bedeutet »Planet« hingegen: Himmelskörper, der (direkt) um die Sonne rotiert. Als Planeten in diesem geänderten Verständnis gelten nun Erde und Mars, nicht aber Sonne und Mond. Diese Änderung in Bedeutung und Gegenstandsbezug geht mit einer grundlegenden Verschiebung in der Klassifikation der entsprechenden Körper einher. Während nämlich zuvor Sonne, Mond und Mars in die gleiche begriffliche Kategorie eingeordnet wurden und die Erde in eine andere Bezeichnungsklasse fiel, wurden nach Kopernikus Erde und Mars als in dieser Hinsicht gleichartig aufgefasst und Sonne und Mond in eine andersartige Kategorie eingeordnet (Kuhn 1962, 140; Kuhn 1987, 8). Die theoretische Umorientierung führte zu markanten Veränderungen in den Gebrauchsweisen dieses beobachtungsnahen Begriffs.

Ein anderes Beispiel für eine Reformulierung von Beobachtungsaussagen in der Folge eines Theorienwandels findet sich bei der Beschreibung fossiler Funde. Die ersten Überreste des Neandertalers wurden 1856 gefunden, drei Jahre vor der Veröffentlichung von Charles Darwins *Ursprung der Arten*. In dieser Zeit wurden die Knochen keineswegs als Spuren einer ausgestorbenen hominiden Spezies aufgefasst, sondern als Skelettreste eines verkrüppelten modernen Menschen. Man glaubte es mit Gliedmaßen einer stark verformten Einzelperson zu tun zu haben. Die Verbreitung der Evolutionstheorie änderte den gesamten begrifflichen Rahmen, in den fossile Objekte eingeordnet werden konnten. Die neue Kategorie »ausgestorbene menschliche Spezies« erschien in der Folge des Aufstiegs der Evolutionstheorie. Wenn man einen fossilen Fund als Neandertalerschädel bezeichnet, dann beinhaltet der bloße Gebrauch dieses Begriffs bereits eine Verpflichtung auf die Evolution des Menschen.

Allerdings blieb der kontexttheoretische Ansatz nicht ohne Widerspruch. Seit Mitte der 1970er Jahre wird auf unterschiedlicher Grundlage für eine größere semantische Stabilität argumentiert. Vertreten wird dabei eine größere Unabhängigkeit der Beobachtungsaussagen von Theorien und die größere Stabilität theoretischer Aussagen auch über den Theorienwandel hinweg. Die These von der Erhaltung von Beobachtungsaussagen stützt sich vor allem auf den stärkeren Einbezug von Experimenten in die Betrachtung (»Neuer Experimentalismus«; vgl. z.B. Hacking 1983); die Behauptung der Invarianz theoretischer Aussagen beruht auf einer spezifischen Auffassung des Gegenstandsbezugs (»Kausale Theorie der Referenz«; vgl. Putnam 1973).

Semantische Theoriebeladenheit und empirische Prüfbarkeit

Die semantische Theoriebeladenheit bleibt in der Regel ohne nachteilige Folgen für die empirische Prüfbarkeit. Die Annahme eines heliozentrisch geprägten Planetenbegriffs garantiert keineswegs, dass sich eine empirisch zutreffende Theorie der heliozentrischen Planetenbewegungen angeben lässt; auch die Klassifikation von Knochenfunden als Überreste vorzeitlicher Menschenformen ist keineswegs gleichbedeutend mit der Angabe eines Entwicklungsstammbaums für hominide Spezies. Die Kontexttheorie greift für die Bedeutungsbestimmung auf ein Netzwerk von Beziehungen zu anderen Begriffen zurück. Dass sich diese Beziehungen in der Erfahrung finden und dass der so gebildete Begriff adäquat auf die Beobachtungen angewendet werden kann, lässt sich aber nicht durch linguistische Konvention sicherstellen (vgl. Kap. 3.2).

Zwar gilt dies im Allgemeinen, aber nicht in jedem Einzelfall. Unter Umständen verwenden scheinbar gegensätzliche Hypothesen tatsächlich Begriffe unterschiedlicher Bedeutung und lassen aus diesem Grund keine empirische Entscheidung zu. Ein Beispiel ist die Kontroverse zwischen Louis Joseph Proust und Claude Louis Berthollet über das Gesetz der konstanten Proportionen in der Chemie zu Beginn des 19. Jahrhunderts. Berthollet hatte die Behauptung vertreten, es gebe Verbindungen mit variablen Proportionen ihrer Bestandteile, wogegen Proust die These richtete, Verbindungen wiesen eine jeweils feste Zusammensetzung auf, die aber eine Mehrzahl von Stufen jeweils unveränderter Zusammensetzung zuließen. Bei Proust werden also treppenartige Sprünge angenommen, während sie bei Berthollet allmählich ineinander übergehen.

Allerdings sah auch Berthollet im Einzelfall Verbindungen fester Zusammensetzung vor und führte deren Invarianz auf physikalische Zwangsbedingungen bei ihrer Entstehung zurück. Feste Proportionen entstehen nicht durch chemische Kräfte, sondern durch Kohäsion und Elastizität. Umgekehrt bestritt Proust nicht das Auftreten von Stoffen veränderlicher Zusammensetzung, behauptete jedoch, dass es sich nicht um Verbindungen, sondern um Mischungen handelte. Die gleichen Beobachtungsbefunde wurden unterschiedlich gedeutet. Wo Berthollet Verbindungen variabler Proportion sah, machte Proust bloß Mischungen von proportionsfesten Verbindungen aus.

In dieser Debatte wurde der Begriff der chemischen Verbindung von beiden Seiten unterschiedlich gefasst, und deshalb blieb der Appell an die Erfahrung ohne Kraft. Proust unterschied zwischen Verbindung und Mischung und bestimmte die Konstanz der Proportionen als Kriterium für das Vorliegen einer Verbindung. Dadurch wird das Gesetz der konstanten

Proportionen zu einer Definition des Begriffs der Verbindung, so dass hier auf empirischem Wege nur wenig auszurichten ist. Gegenstand der Debatte war die Natur der chemischen Verbindung, aber strittig war zunächst der Begriff der chemischen Verbindung.

Die semantische Theoriebeladenheit lässt deutlich werden, dass die gleichen Begriffe in rivalisierenden Theorieansätzen verschieden verwendet werden und entsprechend unterschiedliche Bedeutung besitzen können. Diese Bedeutungsvariabilität eröffnet einen Deutungsspielraum, der den empirischen Vergleich solcher Theorieansätze zwar nicht generell ausschließt, ihn im Einzelfall aber begrenzen kann.

3.4 Mensurelle Theoriebeladenheit der Beobachtung

Die fortgeschrittenen Wissenschaftszweige beruhen auf Daten, die durch Beobachtungsinstrumente und Messgeräte gewonnen werden. Dadurch erschließt die Wissenschaft verborgene Tatsachenbereiche. Solche Beobachtungs- und Messverfahren nehmen ein Signal auf und formen es auf geeignete Weise in eine Anzeige um. Das Urteil, die Anzeige eines Geräts repräsentiere eine bestimmte Naturgröße, stützt sich dann auf ein Verständnis der Funktionsweise des Geräts. Dieses Verständnis beinhaltet, dass gleichsam der Gang des Signals durch das Gerät bis zur Anzeige theoretisch nachvollzogen werden kann.

Theorien, die solche Verknüpfungen zwischen Naturgrößen und direkt wahrnehmbaren Indikatorphänomenen herstellen, heißen *Beobachtungstheorien* oder *Messtheorien*. Es handelt sich dabei typischerweise um diejenigen Theorien, die die Funktionsweise der eingesetzten Beobachtungs- oder Messinstrumente beschreiben. Solche Theorien gehen nicht allein in quantitative Bestimmungen von Größen ein (also nicht allein in Messungen im engeren Sinn), sondern ebenso in deren qualitativen Nachweis. So spricht man etwa von der Beobachtung eines Radiosterns, die aber auf dem Einsatz eines Radioteleskops und der Verwendung der Radio-Optik fußt. Deshalb passt der Terminus »Beobachtungstheorie« besser als »Messtheorie«.

Der Einfluss von Theorien auf die Gewinnung und Beschaffenheit wissenschaftlich relevanter Erfahrungsbefunde soll als messungsbezogene oder *mensurelle Theoriebeladenheit* bezeichnet werden (Carrier 1994, 9-19; Carrier 2000). Damit wird zum Ausdruck gebracht, dass theoretisch aussagekräftige Größen in aller Regel nur durch den Rückgriff auf Theorien empirisch zugänglich werden. Solche Beobachtungstheorien liefern die Daten, denen anschließend durch die jeweiligen erklärenden Theorien Rechnung getragen wird. Die eingesetzten Instrumente sind gleichsam zu Zahnrädern und Spulen materialisierte Theorien. Dieser Sachverhalt soll nun am Beispiel der Radiokarbondatierung veranschaulicht werden.

Radiokarbondatierung als Beispiel theoriebeladener Messungen

Die Archäologen stoßen immer wieder auf Überreste prähistorischer Menschen oder auf Zeugnisse ihrer Kultur. Ein spektakuläres Beispiel aus jüngerer Zeit ist die Entdeckung von »Ötzi«, dem tiefgekühlt erhaltenen Bewohner des Ötztals, der etwa 3000 v. Chr. von einem Pfeil in den Rücken getroffen sein Leben aushauchte. Aber woher wissen wir über Ötzis Alter Bescheid? Die Altersbestimmung organischer Materialien gelingt oft mit der Radiokarbonmethode, die 1947 von Willard F. Libby entwickelt wurde.

Die kritische Größe dieser Methode ist das Verhältnis zweier Kohlenstoff-Isotope in organischen Materialien. Das bei weitem häufigste Kohlenstoff-Isotop ist das stabile C^{12}. Außerdem bildet sich aber durch Neutronenbeschuss aus der kosmischen Strahlung aus atmosphärischem Stickstoff über die Reaktion $N^{14} + n \rightarrow C^{14} + p$ radioaktives C^{14}, das mit einer Halbwertszeit von 5730 Jahren zerfällt. Dieser Bildungsprozess führt zusammen mit dem radioaktiven Zerfall zu einer Gleichgewichtskonzentration, deren Wert zu Anfang des 20. Jahrhunderts etwa 1,2 10^{-12} betrug.

Chemisch sind beide Kohlenstoff-Isotope ununterscheidbar, und deshalb ist C^{14} ebenso wie das stabile C^{12} Teil der Nahrungskette. Auch C^{14} wird über die Photosynthese in Pflanzen eingebaut und verbreitet sich von dort in andere Organismen. Zum Beispiel geht C^{14} mit der jeweiligen atmosphärischen Gleichgewichtskonzentration auch in den Aufbau von Knochen ein. Mit dem Tod des betreffenden Lebewesens endet der Stoffwechsel; es wird kein neuer Kohlenstoff mehr zugeführt. Von diesem Zeitpunkt an nimmt entsprechend die C^{14}-Konzentration ab. C^{14} zerfällt, während C^{12} unverändert bleibt. Daher gibt das Verhältnis der beiden Isotope Aufschluss darüber, wie viel Zeit seit dem Ende der Stoffwechselprozesse vergangen ist. Das Verfahren ist geeignet für Objekte organischen Ursprungs, also insbesondere für Knochen, Holzwerkzeuge und Stoffe.

Für die Messung wird zunächst der Kohlenstoff der Probe chemisch isoliert und seine Masse bestimmt. Anschließend wird seine Radioaktivität mit einem Geigerzähler ermittelt; die gemessene Zerfallsrate stammt ausschließlich von C^{14}. Aus der Masse der Probe und der Aktivität ergibt sich das Verhältnis C^{14}/C^{12}, das dann Aufschluss über das Alter gibt. Stellt man etwa eine Konzentration von 0,6 10^{-12} fest, so ist gerade eine Halbwertszeit vergangen, und das betreffende Objekt ist ungefähr 5700 Jahre alt.

Allerdings bedarf das Verfahren noch der Eichung. Die Messung der Radioaktivität gibt Aufschluss über die absolute Menge von C^{14}; für die Altersbestimmung relevant ist jedoch der verbliebene Anteil von C^{14}. Benötigt wird daher die Information, wie viel C^{14} sich am Anfang, also beim Ausscheiden des betreffenden Lebewesens aus der Nahrungskette, in dem Material befand. Direkt zugänglich ist nur der heutige Wert; daher müssen frühere Basiswerte auf andere Weise erschlossen werden. Hierzu bedient man sich der Dendrochronologie. Jedes Jahr während der Wachstumsperiode bilden Bäume Wachstumsringe, die je nach den klimatischen Bedingungen unterschiedlich stark ausfallen. So entsteht über die Jahre ein charakteristisches Muster von Ringen unterschiedlicher Dicke. Bei einem gefällten Baum kann man die Ringe von außen nach innen abzählen und daraus ermitteln, wann sich ein bestimmter Wachstumsring gebildet hat. Bei anderen Holzproben lässt sich aus dem Vergleich des Wachstumsmusters der Ringe mit Vergleichsproben, die inzwischen für viele Regionen der Erde das Wachstumsprofil bis weit in die Vergangenheit hinein dokumentieren, das Alter erschließen.

Baumringe liefern daher organisches Material bekannten Alters, dessen Radiokarbon-Analyse für die Ermittlung der Basiskonzentration von C^{14} in der betreffenden Epoche herangezogen wird. Man kennt das Alter, stellt einen gewissen Wert für die C^{14}-Radioaktivität fest und schließt daraus auf die C^{14}-Basiskonzentration. Diese Methode liefert die Ausgangswerte für die Vergangenheit und stellt damit eine Eichung des Verfahrens bereit.

Wenn also Wissenschaftler aus der Messung der Strahlungsaktivität von Ötzis kohlenstoffhaltigen Überresten auf dessen 5000-jähriges Alter schließen, dann stützt sich dies wesentlich auf theoretische Annahmen. Im Einzelnen lassen sich vier wichtige Theoriengruppen identifizieren. Erstens eine biologische Theorie des Stoffwechsels, die zu dem Schluss führt, dass das Gewebe aller lebenden Organismen einen C^{14}-Anteil aufweist, der demjenigen der Umgebungsluft entspricht, während mit dem Tod der Einbau von Kohlenstoff zum Erliegen kommt. Hinzu tritt zweitens eine kernphysikalische Theorie der Radioaktivität, die die einschlägigen Zerfallsprozesse quantitativ beschreibt und die Zuordnung von Isotopen zu Zerfallszeiten ermöglicht. Drittens erfolgt der Nachweis der Radioaktivität mit einem Geigerzähler, dessen Funktionsweise in der Physik der Gasentladungen beschrieben wird. Dabei liegt zwischen der Wand des Zählrohrs und einem in dessen Mitte verlaufenden Draht eine so hohe Spannung, dass bereits der Durchtritt eines einzigen elektrisch geladenen Teilchens eine Entladung, also einen kleinen Funken erzeugt. Dieser lässt sich dann in Form eines Stromstoßes registrieren. Für die Eichung schließlich wird die Dendrochronologie benutzt. Diese stützt sich auf die Generalisierung, dass alle Gehölze einer klimatisch eingegrenzten Region ein übereinstimmendes, charakteristisches Muster von Wachstumsringen aufweisen.

Es handelt sich also bei einer solchen Altersangabe nur scheinbar um eine unproblematische Tatsachenaussage. Nur durch den Rückgriff auf Beobachtungstheorien gewinnt die Anzeige eines Geigerzählers Aussagekraft für eine *prima facie* ganz verschiedene Größe, nämlich das Alter eines vorzeitlichen Körpers. Erst Beobachtungstheorien erlauben es, die Kausalkette zu verfolgen, die von den Stoffwechselbedingungen jenes prähistorischen Organismus zu seinen Lebzeiten zu den heutigen Messwerten eines Geigerzählers führt.

Änderungen der Beobachtungstheorien und Wandel der Daten

Beobachtungstheorien vermitteln zwischen Theorie und Erfahrung. Aus diesem Grund hat eine Änderung von Beobachtungstheorien auch Einfluss auf die Beschaffenheit der Datengrundlage. Der Übergang zu einer anderen Beobachtungstheorie kann zu einer gewandelten Deutung der Beobachtungen führen. Obwohl sich weder registrierte Winkel noch gemessene Gewichte oder abgelesene Zeigerstellungen ändern, stehen diese Rohbefunde nach einem Wechsel der Beobachtungstheorie unter Umständen für andersartige Naturgrößen.

Ein Beispiel für einen solchen Wandel der Datengrundlage als Folge einer theoretischen Umwälzung entstammt dem Umkreis der kopernikanischen Revolution. Dabei geht es um die so genannte beschränkte Elongation von Merkur und Venus, um die Tatsache also, dass sich Merkur von der Erde aus gesehen niemals weiter als 28°, Venus niemals weiter als 47° von der Sonne entfernt. Die anderen Planeten können dagegen einen beliebigen Winkelabstand zur Sonne aufweisen und insbesondere auch in Opposition zur Sonne stehen.

Im ptolemäischen Weltsystem bewegen sich die Planeten gleichförmig auf ihrem Deferenten um die Erde und führen zugleich eine ebenfalls gleichförmige Bewegung auf einem Epizykel aus (vgl. Kap. 2.4.1). Beide Kreisbewegungen überlagern sich und bringen gemeinsam die Bewegung der Planeten am Nachthimmel hervor. In der ptolemäischen Astronomie erlaubt die Messung des maximalen Winkelabstands α zwischen Merkur bzw. Venus und der Sonne die Ermittlung der relativen Größe der Epizykel dieser Planeten. So gibt etwa der genannte Winkelabstand für die Venus Aufschluss über das Verhältnis der Radien von Venusepizykel und Venusdeferent.

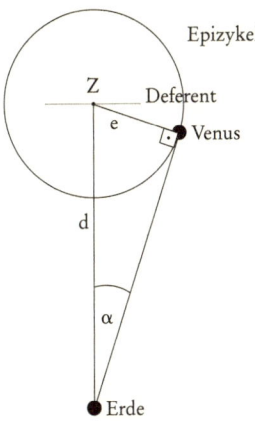

Figur 4: Messung der relativen Größe des Epizykels

Für die Venus wurde der Beschränkung des Winkelabstands durch die Einführung einer Kopplung zwischen dem Umlauf ihres Deferenten und der Sonnenbewegung Rechnung getragen. Die Venus rotiert also stets vor der Sonne. Konkret sollte sich der Mittelpunkt ihres Epizykels stets auf der Verbindungslinie von Erde und Sonne bewegen, so dass die auf dem Epizykel umlaufende Venus in der Nähe der Sonne verbleibt. Wegen dieser Kopplung gibt die Position der Sonne Aufschluss über die Stellung des Epizykel-Mittelpunkts. Befindet sich die Venus am Ort des maximalen Winkelabstands, dann ist die Sichtlinie von der Erde eine Tangente an ihrem Epizykel. Folglich bildet die

Sichtlinie mit dem Epizykel-Radius einen rechten Winkel. Daher lässt sich ein rechtwinkliges Dreieck angeben, dessen Seiten jeweils durch den Abstand zwischen Erde und Venus, ihren Epizykelradius e und ihren Deferentenradius d gebildet werden. Da von diesem rechtwinkligen Dreieck zusätzlich der maximale Winkelabstand α bekannt ist, kann das Verhältnis der Seiten bestimmt werden. In moderner Notation ist: $sin\ α = e{:}d$. Auf diese Weise ist das Verhältnis von Epizykel- und Deferentenradius und damit die relative Größe des Epizykels der Messung zugänglich.

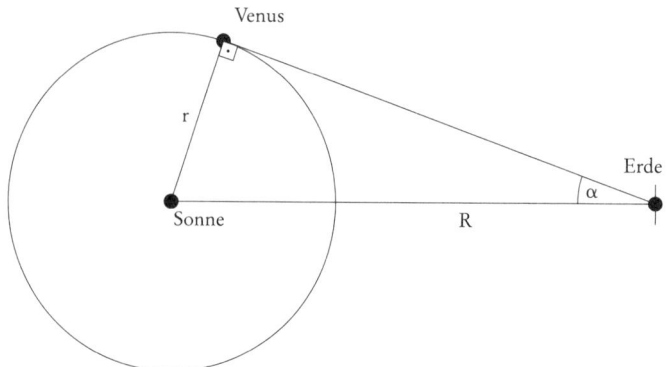

Figur 5: Bestimmung des relativen Sonnenabstands

Wird hingegen die gleiche Messgröße, also der maximale Winkelabstand, im Rahmen der kopernikanischen Theorie interpretiert, dann erlaubt er die Abschätzung der relativen Abmessung der Venusbahn. Konkret erhält man Aufschluss über das Verhältnis der Sonnenabstände oder Bahnradien von Venus und Erde. Bei maximalem Winkelabstand ist die Sichtlinie zwischen Erde und Venus eine Tangente zur kreisförmigen Umlaufbahn des Planeten. Folglich entsteht ein rechtwinkliges Dreieck, dessen Seiten vom Abstand zwischen Erde und Venus, dem Radius r der Venusbahn und dem Radius R der Erdbahn gebildet werden. In moderner Notation ist: $\sin \alpha = r:R$ (Carrier 2001, 94-98; vgl. Kuhn 1957, 64, 179).

Werden also auf eine Messgröße unterschiedliche Beobachtungstheorien angewandt, so kann diese gleiche Messgröße verschiedene Sachzusammenhänge darstellen. Was eine Beobachtung oder Messung besagt, hängt unter Umständen entscheidend von dem theoretischen Rahmen ab, der für die Gewinnung und Interpretation der Daten benutzt wird.

3.5 Die Prüfung von Theorien durch theoriebeladene Beobachtungen

Mensurelle Theoriebeladenheit besagt, dass die Ermittlung wissenschaftlich bedeutsamer Größen und Zustände oftmals auf der Anwendung von Theorien beruht. Dieser Umstand hat Folgen für die Beschaffenheit und Tragweite der empirischen Prüfung von Theorien. Eine solche Prüfung kann offenbar nicht als Vergleich zwischen einem theoretischen Anspruch und einer theoriefreien Beobachtung gelten. Was als Prüfung der Korrespondenz zwischen Theorie und Tatsache erscheint, ist in nicht unerheblichem Ausmaß eine Prüfung der Kohärenz zwischen verschiedenen Theorien.

Duhemsche Prüfprobleme

Dem ersten Eindruck nach stellt mensurelle Theoriebeladenheit eine ernsthafte Einschränkung der empirischen Prüfung dar. Schließlich gehen Theorien sowohl in die Produktion wie in die Interpretation der Daten ein, so dass diese keinen unabhängigen Maßstab für die Prüfung von Theorien bilden. Tatsächlich können jedoch unter solchen Umständen ohne weiteres Anomalien auftreten, also unvorhergesehene und zunächst unerklärliche Diskrepanzen zwischen theoretischer Erwartung und empirischem Befund, die eine theoretische Herausforderung darstellen. Allerdings ist mit der Möglichkeit zu rechnen, dass bereits die Gewinnung des Befunds auf einer irrigen Beobachtungstheorie beruht und deshalb eine Fehldeutung beinhaltet. Was als Gegensatz von Theorie und Tatsache erscheint, ist unter Umständen ein bloßer Konflikt zwischen Theorien, einer Theorie, die die Daten liefert, und einer anderen Theorie, die die Daten erklärt. Duhemsche Prüfprobleme betreffen entsprechend die Lokalisierung des theoretischen Grunds für das Auftreten einer Anomalie.

Galileis Verteidigung der Erdbewegung illustriert diese Möglichkeit, dass eine Anomalie durch Anwendung einer falschen Beobachtungstheorie entsteht und daher die Gültigkeit der erklärenden Theorie in Wirklichkeit nicht beeinträchtigt. Auf der Grundlage der so genannten Impetustheorie, der spätmittelalterlichen und frühneuzeitlichen Bewegungslehre, hätte die Bewegung der Erde beobachtbare Folgen haben sollen, von denen sich in der Erfahrung aber tatsächlich nichts findet. Zentraler Grundsatz der Impetustheorie ist, dass alle Körper ihrer Natur nach dem Zustand der Ruhe zustreben. Bewegungslosigkeit ist der kräftefreie, ausgezeichnete Zustand. Jede Bewegung braucht einen Antrieb, bei dessen Fehlen der Körper zum Stillstand kommt. Zugrunde liegt dabei die Erfahrung mit gestoßenen oder geworfenen Gegenständen ebenso wie mit Handwagen und Ochsenkarren.

Bei einem solchen Antrieb handelt es sich zunächst um eine anhaltend wirksame äußere Kraft. Allerdings entsteht dadurch das Problem, dass ein geworfener oder gestoßener Körper nach dem Erlöschen des äußeren Antriebs zur Ruhe kommt. Ein solcher Körper müsste nach dem Verlassen der Hand des Werfers seine Horizontalbewegung sofort verlieren und schlagartig zu Boden fallen. Schließlich ist nach dem Verlassen der Hand die Schwere die einzig wirksame Kraft. Tatsächlich bewegt sich ein solcher Körper jedoch weiter voran. Die impetustheoretische Lösung dieses Problems bestand in der Annahme, dass dem geworfenen Gegenstand durch die Hand des Werfers nicht nur eine Bewegung erteilt, sondern auch ein »Schwung« eingeprägt wird. Dieser Schwung ist gerade der Impetus, der einen inneren Antrieb darstellt und den Körper nach Beendigung äußerer Kräfte vorantreibt. Durch dieses Hervorbringen von Bewegung erschöpft sich der Impetus zunehmend und der Körper kommt schließlich zur Ruhe.

Man betrachte nun den senkrechten Wurf auf einer im täglichen Umlauf befindlichen Erde. Nach dem Verlassen der Hand des Werfers verliert der Körper den Kontakt zur horizontal ostwärts bewegten Erdoberfläche. Zwar lässt ihn der durch die Erdrotation in horizontaler Richtung eingeprägte Impetus noch eine Weile der Oberfläche folgen, aber diese Kraft erlahmt schnell, so dass der aufwärts geworfene Körper hinter der ostwärts gerichteten Erdbewegung zurückbleibt. Aufgrund des natürlichen Strebens des Körpers zur Ruhe rotiert die Erde gleichsam unter dem Körper weiter, wodurch er westlich des Abwurfpunkts zu Boden fallen sollte. Tatsächlich kehrt er beim senkrechten Wurf jedoch genau an seinen Ausgangspunkt zurück, und diese Anomalie spricht klar dafür, dass die Erde ruht. Dieses Phänomen bildete das Vorbild für eine unübersehbare Vielfalt von Einwänden, die sich auf den horizontalen Wurf, den Kanonenschuss in mehrere Richtungen, den Flug der Vögel und die Bewegung der Wolken erstreckten (Carrier 2001, 109-117).

Später wurden diese Anomalien durch Änderungen der einschlägigen Beobachtungstheorien aufgelöst. Diese beinhalteten im Kern eine Ersetzung der natürlichen Tendenz zur Ruhe durch die Tendenz zur geradlinig-gleichförmigen Bewegung. Diese Ersetzung läuft tatsächlich auf eine Änderung der Beobachtungstheorie hinaus. Es ist die Annahme eines ausgezeichneten Zustands der Bewegungslosigkeit, die den Ablauf des senkrechten Wurfs überhaupt mit der Tagesrotation der Erde verknüpft. Erst durch diese Annahme gewinnen die Rohbefunde Aussagekraft für die als einschlägig geltende theoretische Größe der Erdbewegung. Die spätere Zurückweisung einer Tendenz zur Ruhe und die entsprechende Annahme des Trägheitsprinzips beinhaltet gerade eine Ersetzung der zugehörigen Beobachtungstheorie, und durch diese Ersetzung wurde Einklang zwischen der Hypothese der bewegten Erde und den Beobachtungen von Bewegungen auf der Erde erzielt.

Falsche Beobachtungstheorien drücken sich damit in der Möglichkeit *systematischer* Fehler in der Datengrundlage von Theorien aus. Solche Fehler sind nicht Ergebnis etwa von irrtümlichen Wahrnehmungen, sondern Resultat der korrekten Anwendung einer falschen Beobachtungstheorie. Wenn man die Impetustheorie als Beobachtungstheorie für die Interpretation von beobachteten Bewegungen einsetzt, dann ist es gänzlich folgerichtig, auf die Unbeweglichkeit der Erde zu schließen. In deren Begriffsrahmen ist es keineswegs Ausdruck intellektueller Unbedachtheit oder visueller Nachlässigkeit, die Möglichkeit des senkrechten Wurfs als Anzeichen für die Ruhe der Erde zu werten. Derartige systematische Fehler in der Datengrundlage sind offenbar nicht durch sorgfältigeres Registrieren zu vermeiden, sondern allein durch verbessertes Theoretisieren. Es hilft hier gar nichts, genauer hinzuschauen.

Die Beispiele mensureller Theoriebeladenheit führen vor

Augen, dass sich auch theoriebeladene Beobachtungen keineswegs widerstandslos unseren theoretischen Bestrebungen fügen. Die Widerständigkeit des Faktischen zeigt sich im Auftreten von Anomalien, Unsicherheiten betreffen stattdessen die Lokalisierung fehlerhafter Annahmen. Es bleibt ein Interpretationsspielraum, welche Teile eines theoretischen Netzwerks von einem abweichenden Erfahrungsbefund betroffen sind. Mensurelle Theoriebeladenheit unterstreicht damit die bei der Vorstellung von Duhems Problem gewonnene Einsicht, dass die Tragweite von Gegensätzen zwischen Theorie und Empirie oft nur schwer abzuschätzen ist (vgl. Kap. 2.4.2). Mensurelle Theoriebeladenheit führt zu Duhemschen Prüfproblemen.

Der Regress des Experimentators

Die Frage ist, ob Theoriebeladenheit stets von dieser Art ist. Harry Collins vertritt mit seiner These vom »Regress des Experimentators« die Ansicht, es gebe weiter gehende, also nicht-Duhemsche Prüfprobleme. Zumindest bei neuartigen Beobachtungen, Messungen oder Experimenten könne keine unabhängige Sachgrundlage ihrer Vertrauenswürdigkeit angegeben werden. Es besteht eine wechselseitige Abhängigkeit in der Beurteilung der erklärenden Theorie und der theoriebeladenen Beobachtung, mit der Folge, dass Erstere bei neuartigen, noch nicht durch Routinen in der wissenschaftlichen Gemeinschaft verankerten Beobachtungen überwiegt. Daher vermögen neuartige Erfahrungsbefunde eine Theorie nicht ernsthaft herauszufordern.

Bei neuartigen Beobachtungen oder Experimenten ist noch zu entscheiden, ob die Befunde auf zuverlässige Weise gewonnen wurden und ob sie wissenschaftlichen Respekt verdienen. Solche Unsicherheiten erzeugen Argumentationszirkel, die Collins bei der Diskussion der Existenz von Gravitationswellen um

1970 ausgemacht hat. Solche Wellen sollten nach Einsteins Allgemeiner Relativitätstheorie im Universum erzeugt werden und Vibrationen in den Körpern hervorrufen, die sie durchdringen. Joseph Weber entwickelte einen neuartigen Gravitationswellen-Detektor in Form eines massiven Aluminiumstabs, der mit piezoelektrischen Kristallen zum Nachweis winziger Längenänderungen des Stabs bestückt war. Durch weitere geeignete Maßnahmen wie Abschirmung der Vorrichtung gegen andere Kräfte und Positionierung von Detektoren an unterschiedlichen Orten sollten Gravitationswellen gerade in den Bereich des Messbaren rücken. Webers Apparat zeigte nun eine derart große Zahl von Ereignissen an, dass die Flussdichte von Gravitationswellen die astrophysikalischen Erwartungen bei weitem überstiegen hätte und kaum in die kosmologischen Rahmentheorien einzupassen gewesen wäre.

Die Skepsis gegenüber Webers Messverfahren stützte sich vor allem darauf, dass seine Befunde den herrschenden Ansichten über den Sachbereich widersprachen. Webers Detektor galt zunächst deshalb als fehlerhaft, weil seine Resultate den Rahmen der akzeptierten erklärenden Theorie gesprengt hätten. Zwar wurden in anderen Laboratorien Wiederholungen von Webers Messungen vorgenommen, ohne dass sich dessen Resultate einstellten. Es blieb jedoch kontrovers, ob diese späteren Versuche adäquate Replikationen von Webers Versuchen darstellten. Tatsächlich unterschieden sich alle Versuche in den Einzelheiten der apparativen Anlage, und Weber führte ihren Misserfolg auf die Abweichungen von seinem ursprünglichen Verfahren zurück.

Daran knüpft Collins die These, dass es keine klaren Kriterien für die Korrektheit der Versuchsdurchführung gibt, die unabhängig von der Beurteilung der Korrektheit des Ergebnisses wären. Deshalb besteht eine wechselseitige Abhängigkeit zwischen der Annahme der Adäquatheit der Theorie und der Zuverlässigkeit des empirischen Verfahrens. Handelt es sich um neuartige Erfahrungsbefunde, so wird die vorangehende Erwartung als Kriterium für deren Verlässlichkeit herangezogen. Die Folge ist, dass Befunde, die durch noch nicht fest etablierte Beobachtungs-, Mess- und Experimentierverfahren zustande kommen, keine aussagekräftige Prüfung von theoretischen Ansprüchen erlauben. In diesem Regress des Experimentators bildet die Übereinstimmung mit der Theorie das Auswahlkriterium verlässlicher Erfahrungsbefunde (Collins 1985, 79-89; vgl. Brown 2001, 139f.).

Tatsächlich ist diese Episode deshalb kein optimales Beispiel für diesen Regress, weil weder das fragliche Phänomen noch Webers Untersuchungsmethode in ihrer Beschaffenheit und Funktionsweise wirklich neuartig waren. Das ist anders in einem zweiten Beispiel für einen solchen Regress, das von Barry Barnes, David Bloor und John Henry stammt und sich auf eine wissenschaftshistorische Analyse von Gerald Holton stützt. Gegenstand ist die Entdeckung der Ladungsquantisierung durch Robert Millikan im Jahre 1913. In Millikans Experiment wurden Öltröpfchen durch radioaktive Strahlung aufgeladen und in einem elektrischen Feld zum Schweben gebracht. Dabei herrscht ein Gleichgewicht zwischen abwärts gerichteter Gewichtskraft und aufwärts gerichteter elektrischer Kraft. Die Feldstärke, die für die Annahme dieses Gleichgewichtszustands erforderlich ist, gibt Aufschluss über die Ladung des Tröpfchens. Resultat war, dass es sich stets um ganzzahlige Vielfache eines bestimmten Ladungsquantums handelte. Dies ist die heute so genannte Elementarladung, wie sie Elektronen oder Protonen tragen; kleinere Ladungsgrößen existieren nicht frei (sondern nur bei Quarks in gebundener Form).

Der springende Punkt ist, dass die Beobachtungen, die zu diesem Resultat führen, weit schwieriger durchzuführen und in ihrer Zuverlässigkeit zweifelhafter sind, als es die skizzenhafte Schilderung des Experiments nahe legt. Eine Vielzahl von Störeinflüssen ist zu berücksichtigen, Spannungsschwankungen, Veränderungen der Tröpfchenladung, Staub; die Wahrnehmungen sind verschwommen und unsicher. In dieser Situation unterzog Millikan – wie wir aus seinen erhaltenen Labortagebüchern wissen – die Rohwerte einer Sichtung. Dies sind Auszüge der Kommentare, mit denen Millikan seine Befunde versah: »Schön! Auf jeden Fall veröffentlichen.« »Großer Irrtum. Nicht benutzen.« »Sehr niedrig. Irgendetwas falsch.« »Geringe Übereinstimmung. Klappt nicht.« »Vielleicht ein doppelter Tropfen.« Millikans Publikation enthielt nur eine Auswahl der von ihm tatsächlich ermittelten Werte; die von ihm als Irrläufer eingestuften Befunde waren ausgelassen. Die These der Ladungsquantisierung stützte sich also auf eine einseitige Selektion von Daten (Holton 1981, 82-86, 103-104).

Millikans Experiment wies tatsächlich erhebliche Fehlerspielräume auf. Die Tröpfchen waren schlecht zu erkennen, und das Experiment litt unter Störeinflüssen, die Millikan bekannt waren. Millikan hatte entsprechend gute Gründe dafür, die Daten nicht umstandslos für verlässlich zu halten. Er handelte anscheinend in gutem Glauben, nahm also wirklich an, dass die von ihm verworfenen Messwerte fehlerhaft waren. Andererseits ist auch deutlich, dass Millikan häufig keine unabhängigen Gründe für die Unzuverlässigkeit eines ausgesonderten Befunds hatte. Urteile wie »irgendetwas falsch« stellen außer Zweifel, dass er keine spezifische Vorstellung von den Ursachen der Abweichung hatte und das Resultat verwarf, weil der Wert nicht zu seinen Erwartungen passte.

Millikans Auswahlprozedur war für die Stützung der Ladungsquantisierung unerlässlich. Wenn man einen Spielraum für Beobachtungsirrtümer zulässt, kann man jede beliebige Liste von Werten als ganzzahlige Vielfache eines Minimalwerts darstellen. Voraussetzung ist, dass dieser Minimalwert hinreichend klein gewählt wird. Millikans Aussonderung unpassender Daten führte demnach zu einem größeren Wert für die Elementarladung, der im Übrigen in der Nähe des auch heute als gültig angesehenen Werts liegt.

Für Barnes, Bloor und Henry verdeutlicht Millikans Experiment die Zirkularität der Datengewinnung. Millikan hatte gewisse Vorstellungen von der Größe der Elementarladung und zog diese als Kriterium zur Beurteilung der Zuverlässigkeit von Messwerten heran. Die Theorie galt Millikan als Maßstab für die Adäquatheit der Daten. Dies ist offenbar das Gegenteil der eingangs beschworenen Gründung von Theorien auf Beobachtungen (s.o. 3.2). Stattdessen wurde die Verlässlichkeit einer Beobachtung anhand der Überzeugung von der Richtigkeit der Theorie beurteilt. Diese Strategie war erfolgreich, weil sie sich auf hinreichend durchgreifende wissenschaftliche Autoritäten stützen konnte. In der Kultur der zugehörigen Disziplin war die Überzeugung der Ladungsquantisierung bereits so stark verankert, dass ein entsprechender Erfahrungsbefund den führenden Köpfen korrekt erschien. Grundlage der Annahme von Millikans Resultaten war also das Vertrauen in den vorherrschenden Theorienrahmen und deren Bestätigung durch die anerkannten Vertreter der Disziplin. Die sachliche Basis für Millikans Werte war fragil; die Annahme der Ladungsquantisierung stützte sich überwiegend auf soziale Einflussfaktoren (Barnes, Bloor & Henry 1996, 19-27).

Eine derartige Prägung der Datenlage durch die zugehörige erklärende Theorie legt schwer wiegende Begrenzungen der empirischen Prüfbarkeit nahe und geht über die Anerkennung Duhemscher Prüfprobleme hinaus. Der Regress des Experimentators betrifft nicht die theoretische Tragweite widriger Erfahrungsbefunde, sondern beinhaltet die weiter gehende These, dass zumindest neuartige Beobachtungs- und Messverfahren gar keinen ernsthaften Konflikt mit vorherrschenden Theorien und Denkansätzen aufwerfen können. Die Beobachtungsresultate werden nämlich nur dann für zuverlässig gehalten, wenn sie zu den Erwartungen passen; andernfalls gelten die betreffenden Messungen und Experimente als irrig angelegt, fehlerhaft ausgeführt und unzulänglich interpretiert. Die Adäquatheit eines neuartigen, noch nicht allgemein anerkannten empirischen Verfahrens wird danach beurteilt, ob die von ihm gelieferten Resultate den theoretischen Erwartungen entsprechen.

Häufig treten jedoch abweichende Erfahrungsbefunde gerade bei der Anwendung neuartiger Verfahren oder der neuartigen Verwendung von Verfahren auf. Solche unerwarteten Resultate werden dann nicht als mögliche Gegenbeispiele ernst genommen. Der betrachtete Zusammenhang zwischen den Ergebnissen eines neuartigen empirischen Verfahrens und der Beurteilung seiner Verlässlichkeit schließt dem Anschein nach das Auftreten eines Konflikts zwischen Theorie und Erfahrung aus. Collins' These lautet dementsprechend, dass es den Erfahrungsbefunden oftmals an der Kraft mangelt, einen theoretischen Wandel in Gang zu setzen. An den herrschenden Überzeugungen wird auch gegen *prima facie* konträre Daten festgehalten, und an die Stelle der machtlosen Daten treten die Machtstrukturen in der zugehörigen wissenschaftlichen Gemeinschaft. Reputation spielt eine ausschlaggebende Rolle für die Annahme von Hypothesen; das Soziale gewinnt die Oberhand über das Epistemische.

Die Aussagekraft theoriebeladener Prüfungen

Allerdings wird gegen Collins' Regressthese geltend gemacht, dass auch unter solchen Umständen die Würdigung von Erfahrungsbefunden und entsprechend epistemische Gründe eine wesentliche Rolle spielen. Beim Streitfall der Gravitationswellen zählt dazu etwa, dass die negativen Befunde von Webers Kritikern unterschiedlichen Labors entstammten und an Zahl deutlich Webers eigene, einzig positive Resultate überstiegen. Zudem waren die negativen Ergebnisse der Kritiker wechselseitig gegeneinander geprüft worden: Man hatte Daten und Analyseprogramme ausgetauscht und die Robustheit der negativen Ergebnisse auf diese Weise abgesichert. Umgekehrt konnten die Kritiker aus Webers Daten mit ihren eigenen Analyseprogrammen keine positiven Befunde ableiten. Weiterhin konnten Weber in einigen Fällen Auswertungsfehler nachgewiesen werden, die dieser auch anerkannte, denen er jedoch jede Tragweite für seine übrigen, positiven Ergebnisse absprach (Franklin 1994, 471-484). Es trifft entsprechend nicht zu, dass die Übereinstimmung mit der erklärenden Theorie der einzige Beurteilungsmaßstab für die Korrektheit des Messresultats ist.

Tatsächlich gibt es in der Wissenschaft auch andersartige Beispielfälle, in denen selbst neuartige Beobachtungs- und Messverfahren herkömmliche Theorieansätze herauszufordern und einen theoretischen Wandel einzuleiten vermochten. Als Galilei 1610 das kurz zuvor erfundene und von niemandem theoretisch verstandene Fernrohr auf den Nachthimmel richtete, registrierte er u.a. die Phasen der Venus. Die Venus durchläuft den vollen Phasenzyklus wie der Mond, und diese Beobachtung stand mit der hergebrachten ptolemäischen Lehre nicht in Einklang. Nach dieser rotiert die Venus vor der Sonne, nicht um die Sonne (vgl. oben), mit der Folge, dass höchstens die Hälfte ihrer beleuchteten Oberfläche von der Erde aus sichtbar ist. Ptolemäisch sollte die Venus Phasen zeigen, die zwischen der »Neuvenus« und der »Halbvenus« schwankten. Kopernikanisch trat die Venus dagegen auch hinter die Sonne, so dass ihre gesamte angestrahlte Oberfläche von der Erde aus zu sehen sein sollte. Hier war der volle Phasenzyklus zu erwarten – wie er sich in Galileis Fernrohrbeobachtungen zeigte.

Zwar finden sich in der zeitgenössischen Diskussion durchaus Beiträge, die das Teleskop als unzuverlässig aufweisen wollen. Ein Francesco Sizzi wendet 1611 ein, dass gerundete Gläser Abbildungen generell verzerren, wie der Anblick einer Kerze durch ein mit Wasser gefülltes Glas demonstriere. Die Deformation des Abbilds zeige, dass Galilei Wahngebilden der Glaslinsen aufgesessen sei (Bellone 1998, 63). In einem weiter gehenden Akt der Totalverweigerung lehnten es einige Traditionalisten sogar ab, überhaupt einen Blick durch jenen trügerischen Apparat zu werfen. Auf der anderen Seite blieben solche Urteile Einzelfälle, und die wissenschaftliche Gemeinschaft nahm die teleskopischen Befunde als Herausforderung ernst. Tatsächlich stellen die Venusphasen eines der in der Wissenschaftsgeschichte raren Beispiele dafür dar, dass aufgrund der Beobachtung eines einzigen Effekts eine Theorie als haltlos eingestuft wird.

Beispiele dieser Art verdeutlichen, dass die Analyse von Collins zu kurz greift. Die Adäquatheit eines Messverfahrens muss nämlich keineswegs danach beurteilt werden, ob sich seine Resultate in den theoretischen Erwartungshorizont einfügen. Generell lassen sich zwei Verfahren angeben, die eine Untersuchung der Aussagekraft theoriebeladener empirischer Prüfungen ermöglichen. Dabei handelt es sich um die *unabhängige Prüfung von Beobachtungstheorien* sowie um die *Wegunabhängigkeit der Beobachtungsresultate*. Es wird sich allerdings zeigen, dass das zweite Verfahren ohne das erste letztlich doch nicht tragfähig ist.

Die These vom Regress des Experimentators nimmt allein den Experimentalbefund und die betreffende erklärende Theorie in den Blick. Tatsächlich kann das Urteil über die Adäquatheit von Beobachtungen, Messungen und Experimenten auch auf die theoretische Analyse ihres Aufbaus, also auf die Prüfung der beteiligten Beobachtungstheorien gegründet werden. Die Bedingung der unabhängigen Prüfbarkeit verlangt, dass die im Prüfungsprozess herangezogenen theoretischen Annahmen und die geprüfte Hypothese unabhängig voneinander auf ihre Gültigkeit untersucht werden können. Konkret sollen die Beobachtungstheorien auch in solchen Zusammenhängen überprüfbar sein, in denen die betreffende erklärende Theorie keine Rolle spielt. Die Erfüllung der Unabhängigkeitsbedingung bricht die Abhängigkeit der Datengewinnung von der Datenerklärung auf und ermöglicht die aussagekräftige Prüfung theoretischer Hypothesen durch theoriebeladene Daten (Kosso 1989; Kosso 1992, 113-129, 154-158).

Zum Beispiel muss eine ernährungsphysiologische Hypothese der Gewichtsabnahme mit Hilfe einer Personenwaage geprüft werden. Die Geltungsprüfung der Hypothese setzt also die Gültigkeit derjenigen Theorien voraus, auf denen das Funktionieren der Waage beruht, im einfachsten Fall also das mechanische Gesetz, das Kraft und Auslenkung einer Feder miteinander verknüpft. Die Prüfung der erklärenden Hypothese muss also auf eine Beobachtungstheorie zurückgreifen. Jedoch muss diese Beobachtungstheorie nicht wieder umgekehrt durch den Rückgriff auf die erklärende Hypothese geprüft werden. Die erwähnten Gesetze aus Mechanik und Festkörperphysik können in ihrer Gültigkeit untersucht werden, ohne dabei auf ernährungsphysiologische Hypothesen Bezug zu nehmen. Die Regressthese stützt sich dagegen auf die Vorstellung, dass bei der Prüfung der einmal akzeptierten Hypothese, der Verzehr von

Bauchspeck führe zu Gewichtsverlust, nur solche Waagen herangezogen werden, die bei einer entsprechenden Diät eine Abnahme anzeigen. Stattdessen würde man die Verlässlichkeit von Waagen unabhängig untersuchen.

Der zweite Ansatz der *Wegunabhängigkeit der Beobachtungsresultate* zielt auf die Übereinstimmung der Ergebnisse einer Mehrzahl von Verfahren, die möglicherweise sämtlich selbst theoriebeladen sind, aber jeweils unterschiedliche Prozesse oder verschiedene theoretische Voraussetzungen zum Tragen bringen. Zum Beispiel ist der Abstand der Sterne von der Erde durch eine Mehrzahl unterschiedlicher Verfahren zugänglich.

Eine der zur Messung verwendeten Methoden geht von der scheinbaren Helligkeit eines Sterns aus, die sich ihrerseits aus der wahren Helligkeit und der Entfernung ergibt. Diese wahre Helligkeit kann aus einer Beziehung zwischen Farbe und Helligkeit abgeleitet werden. Je heller ein Stern leuchtet, desto stärker ist seine Farbe zum blauen Ende des Spektrums verschoben. Eine zweite Methode stützt sich auf die so genannte Masse-Leuchtkraft-Beziehung, der zufolge Sterne größerer Masse heller leuchten. Aus der Leuchtkraft oder wahren Helligkeit lässt sich dann wieder die Entfernung ableiten. Die Masse lässt sich bei Doppelstern-Systemen aus den Umlaufperioden erschließen, die sich ihrerseits aus periodischen Verschiebungen der betreffenden Spektrallinien ergeben. Eine dritte Möglichkeit ergibt sich durch pulsierende Sterne (Cepheiden oder RR-Lyrae-Sterne), bei denen ein Zusammenhang zwischen der Schwingungsperiode und der Leuchtkraft besteht. Diesen Zusammenhang findet man durch systematische Durchmusterung solcher Sterne in Kugelhaufen oder Zwerggalaxien. Die Entfernung der Sterne in solchen kleinen Verbünden stimmt ungefähr überein. Man beobachtet zunächst einen Zusammenhang zwischen Periode und scheinbarer Helligkeit, kann diesen aber wegen der etwa gleichen Abstände in die genannte Beziehung zwischen Periode und wahrer Helligkeit übertragen.

Diese Methoden unterscheiden sich in den jeweils herangezogenen theoretischen Prinzipien, lassen sich aber vielfach auf die gleichen Himmelskörper anwenden und in ihren Resultaten miteinander vergleichen. Durch ihre Übereinstimmung in den Entfernungsangaben für die gleichen kosmischen Gebilde erhöhen sie wechselseitig ihre Glaubwürdigkeit. Das Kriterium der Wegunabhängigkeit der Prüfung zielt dabei nicht auf die Untersuchung der naturgesetzlichen Einzelheiten der jeweiligen Verfahren ab, sondern beurteilt deren Verlässlichkeit durch wechselseitige Stützung der Ergebnisse. Diese Beobachtungsverfahren müssen gar nicht im Detail theoretisch durchdrungen sein. Zum Beispiel ist der Kausalmechanismus für das Pulsieren von Sternen nicht genau erschlossen; die Adäquatheit des Verfahrens zeigt sich wesentlich daran, dass seine Resultate zu anderen Methoden der stellaren Abstandsbestimmung passen.

Auch die frühe Stützung von Galileis Fernrohrbeobachtungen machte von diesem Kriterium Gebrauch. Die Adäquatheit des Teleskops ließ sich nämlich durch Augenschein anhand einer Vielzahl von irdischen Beispielfällen untersuchen. Wenn sich Gebäude, Menschen oder Schiffe nachprüfbar identifizieren ließen, musste dem Gerät eine gewisse Verlässlichkeit innewohnen. Fernrohrbeobachtungen stimmten jedenfalls für irdische Verhältnisse zumindest in den wesentlichen Zügen mit Wahrnehmungsergebnissen überein.

In einem weithin beachteten Argument hat Ian Hacking die These vertreten, dieses Kriterium der Wegunabhängigkeit reiche für die Einschätzung der Verlässlichkeit von Beobachtungsverfahren hin; die Identifikation der Prozesse, auf denen die Datengewinnung fußt, und entsprechend die Analyse des Beobachtungsverfahrens selbst seien hingegen nicht erforderlich. Wenn nämlich verschiedenartige Verfahren die gleichen Ergebnisse lieferten und gleichwohl unzuverlässig seien, dann handele es sich um einen höchst unwahrscheinlichen Zufall. Hacking zielt darauf ab, dass die Sicherung der Vertrauenswürdigkeit von Beobachtungsverfahren auf ausschließlich empirischem Wege und folglich ohne theoretische Analyse möglich ist (Hacking 1983, 199-203).

Aber die Wegunabhängigkeit reicht ohne theoretische Untermauerung nicht weit genug. Die Übereinstimmung der Ergebnisse unterschiedlicher Beobachtungs- oder Messverfahren ist nämlich nur dann aussagekräftig, wenn diese Verfahren wirklich verschiedenartig sind. Enthalten diese Verfahren jedoch einen gemeinsamen Prozess, so könnte eine fehlerhafte Datenermittlung gerade auf diesem Prozess beruhen. Dann wäre die Übereinstimmung trügerisch und ohne Signifikanz. Um aber die Verschiedenartigkeit der Kausalprozesse sicherzustellen, die in unterschiedlichen Beobachtungs- oder Messverfahren zum Einsatz kommen, ist ein grundlegendes theoretisches Verständnis dieser Verfahren unerlässlich. Wegunabhängigkeit der Ergebnisse stützt die Vertrauenswürdigkeit der Verfahren nur dann, wenn die *prima facie* verschiedenen Wege zur gleichen Beobachtungsgröße tatsächlich verschieden sind. Dieses Urteil kann sich aber nur auf die theoretische Analyse des Beobachtungs- und Messverfahrens gründen.

Ein Beispiel für die trügerische Sicherheit der Einschätzung von empirischen Verfahren nach Maßgabe des Wegunabhängigkeitskriteriums ist die Fehlidentifikation der so genannten Mesosome. Dabei handelt es sich um Strukturen in Bakterien, die mit dem Elektronenmikroskop zuerst 1953 beobachtet wurden. Die Beobachtung enthüllte große, an die Zellmembran angeschlossene Strukturen, oft in der Nähe der Bereiche, an denen sich die Bakterien gerade teilten. Mesosome waren empirisch gut zu identifizieren. Man nahm an, dass diese u.a. bei der Zellteilung an der Bildung der neuen Zellmembran und an der Replikation der Chromosomen beteiligt sind (Adam 2002, 235f.).

Die Verlässlichkeitsprüfung wurde unter Rückgriff auf das Wegunabhängigkeitskriterium durchgeführt: unterschiedliche elektronenmikroskopische Präparationen führten alle zum Nachweis der Mesosome. Tatsächlich bilden sich diese Strukturen aber als Ergebnis der Zerstörung der Bakterienmorphologie durch diese präparativen Maßnahmen. Die Unabhängigkeitsbedingung ist hier deshalb irreführend, weil sämtliche einschlägigen Maßnahmen die gleichen Fehleffekte zur Folge hatten. Die Mesosomen sind eine Folge von Irritationen des Zellgewebes, die durch die Anwendung chemischer Mittel für die Präparation hervorgerufen werden. Es handelt sich also um Methodenartefakte. Diese blieben bei der Wegunabhängigkeitsprüfung unentdeckt, da die unterschiedlichen Präparationsmethoden gemeinsame Schritte enthalten, welche gerade für das Auftreten der Fehleffekte verantwortlich waren. In relevanter Hinsicht waren diese Methoden also gerade nicht verschiedenartig. Die Aufdeckung der Täuschung gelang durch genauere Untersuchung der Präparationsmethoden, also durch Analyse des Beobachtungsprozesses. Die bloße Vervielfältigung der Prüfverfahren reicht folglich nicht hin; deren Verlässlichkeit ist letztlich nur durch ihre theoretische Durchdringung zu untermauern (Hudson 1999, 297-302).

Aus der Theoriebeladenheit führt also kein Weg heraus. Die Bedingung der unabhängigen Prüfbarkeit gründet sich auf die theoretische Analyse der Beobachtungsverfahren, und die Bedingung der Wegunabhängigkeit gewinnt ohne eine solche Analyse keine Durchschlagskraft.

Die Prüfung der Radiokarbondatierung

Die Relevanz beider Ansätze zur Prüfung der Verlässlichkeit von Beobachtungs- und Messverfahren wird deutlich, wenn noch einmal die Radiokarbonmethode in den Blick genommen wird. Der Bedingung der unabhängigen Prüfbarkeit genügt diese Methode in der Hinsicht, dass die einschlägigen Gesetzmäßigkeiten zum überwiegenden Teil der Kernphysik, Atmosphärenphysik und Stoffwechsellehre entstammen und ihrerseits ohne historische Befunde und damit ohne Voraussetzung einschlägiger Altersangaben überprüft werden können.

Die Bedingung der Wegunabhängigkeit der Resultate wird von der Radiokarbonmethode ebenfalls erfüllt. Ihre Zuverlässigkeit kann nämlich auch durch Abgleich mit anderen Datierungsmethoden geprüft werden. Eine der einschlägigen Methoden ist die Thermolumineszenz, die sich für die Altersbestimmung von Keramiken eignet. Organisches Material findet sich häufig in Schichten, die weitere Objekte enthalten (so genannte Beifunde), deren Datierung eine Abschätzung des Alters der organischen Probe erlaubt. Findet sich etwa ein Knochen in einem Tontopf, so liegt eine zumindest ungefähre Übereinstimmung des Alters recht nahe.

Die Datierung von Keramiken durch Thermolumineszenz beruht darauf, dass alle Tonerden Spuren radioaktiver Elemente enthalten, die unter Abgabe von Strahlung zerfallen. Durch das Brennen des Tons bildet sich eine feste Kristallstruktur. Die im Innern der Keramik entstehenden ionisierenden Strahlen erzeugen Störungen des Kristallgitters, in denen sich mit der Zeit Elektronen ansammeln. Erhitzt man das Material auf Temperaturen um 500 °C, so erlauben die Deformationen des Gitters den gefangenen Elektronen die Rückkehr an ihre Normalpositionen. In diesem Prozess wird Energie durch Aufleuchten freigesetzt, das so genannte Wärmeleuchten oder Thermolumineszenz. Dabei wird umso mehr Licht ausgesendet, je länger das Material seit dem Entstehen des Kristallgitters im Brennvorgang dem Einfluss radioaktiver Strahlung ausgesetzt war. Die Bestimmung der Intensität des Lichts erlaubt daher einen Schluss auf das Alter der Keramik. Bei organischen und keramischen Materialien in unmittelbarer Nachbarschaft sollten die Radiokarbon- und Thermolumineszenz-Datierung näherungsweise übereinstimmende Werte liefern. Durch diese Wegunabhängigkeit der Resultate lässt sich die Zuverlässigkeit der Radiokarbondatierung untermauern.

Die Tragweite der unabhängigen Prüfbarkeit und der Wegunabhängigkeit tritt beim Zusammenhang zwischen der Radiokarbonmethode und der Dendrochronologie deutlicher hervor. Dazu wird die Betrachtung auf diese beiden Datierungsmethoden beschränkt und davon ausgegangen, dass keine weiteren Methoden bekannt sind oder brauchbare Ergebnisse liefern. Hinsichtlich der unabhängigen Prüfbarkeit ist der Befund zunächst, dass die Zuverlässigkeit der Dendrochronologie zwar unabhängig von der Radiokarbonmethode gesichert werden kann, nicht aber umgekehrt. Die Prüfung dendrochronologischer Datierungen kann etwa an historischen Quellen ansetzen und zum Beispiel die Altersbestimmung von Balken an Häusern gegen schriftliche Zeugnisse der Bauzeit abgleichen. Umgekehrt setzt aber die Radiokarbonmethode die Dendrochronologie als Eichbasis voraus (vgl. Kap. 3.4). Die Verlässlichkeit der Radiokarbondaten hängt davon ab, dass der richtige Basiswert für den C^{14}-Anteil der Atmosphäre zugrunde gelegt wird, der seinerseits nur über dendrochronologische Daten zugänglich ist. Die Zuverlässigkeit der Radiokarbonmethode setzt also die Richtigkeit der Dendrochronologie voraus, und aus diesem Grund scheint keine unabhängige Prüfung durchführbar zu sein.

Aus dem gleichen Grund versagt auch das Wegunabhängigkeitskriterium. Die Dendrochronologie geht über die Eichung in die Voraussetzungen der Radiokarbonmethode ein und macht ein wesentliches Element der Radiokarbondatierung aus. Genau wie im Fall der Mesosome besteht zwischen beiden Methoden eine zunächst unauffällige Gemeinsamkeit, die aber die Anwendung des Wegunabhängigkeits-Kriteriums ausschließt. Eine Übereinstimmung der Ergebnisse beider Methoden könnte daher trügerisch sein, weil beide unter Umständen auf einer fehlerhaften dendrochronologischen Eichung beruhen.

Gleichwohl ist auch unter solchen Umständen eine Untersuchung der Verlässlichkeit beider Datierungsmethoden möglich, indem man eine stärker differenzierte Form der unabhängigen Prüfung heranzieht. Klar ist, dass unter solchen Umständen keine gänzliche Unabhängigkeit erreichbar ist; man kann jedoch durch Rückgriff auf Spezialfälle untersuchen, ob die beiden Methoden zu den gleichen Ergebnissen führen. Dazu nimmt man etwa eine Holzprobe für die Eichung der Radiokarbondatierung und bestimmt für eine andere Holzprobe mit dem gleichen dendrochronologischen Alter unter Voraussetzung dieses Basiswerts das Radiokarbonalter. Beide Werte müssen dann übereinstimmen.

Systematisch gesprochen: Es werden Holzproben verwendet, die sich in möglichst vielerlei Hinsicht unterscheiden, die aber auf dendrochronologischer Basis das gleiche Alter besitzen. Man kann etwa mittelschwedische Tannen mit süddeutschen Buchen oder westfranzösischen Eichen vergleichen, entscheidend ist nur, dass ihr dendrochronologisches Alter übereinstimmt. Dann benutzt man eine dieser Proben für die Eichung der Radiokarbonmethode. Man ermittelt also die C^{14}-Aktivität und schließt aus dem bekannten Alter auf den C^{14}-Basiswert zum Zeitpunkt des Einschlags. Mit diesem Basiswert wird das

Radiokarbonalter der übrigen Proben bestimmt. Die Forderung ist, dass sich für diese Proben auch das gleiche Radiokarbonalter ergeben muss. Wegen der Variation der Probenparameter ist dies nicht von vornherein garantiert. Die Übereinstimmung verweist vielmehr auf die sachliche Tragfähigkeit der herangezogenen Prinzipien. Durch eine solche Vervielfachung von Proben und die Bedingung übereinstimmender Ergebnisse lässt sich die Unabhängigkeit der Prüfung auch bei scheinbaren wechselseitigen Abhängigkeiten der Prüfmethoden zum Tragen bringen.

Insgesamt unterminiert mensurelle Theoriebeladenheit daher nicht die Prüfbarkeit wissenschaftlicher Theorien. Vielmehr lässt die Prüfung von Theorien gegen andere Theorien häufig keinen Spielraum für willkürliche Anpassungen und begründet daher aussagekräftige Bestätigungen (Carrier 2000).

4. Hypothesenbestätigung in der Wissenschaft

4.1 Hypothetisch-deduktive Prüfung, Unterbestimmtheit und nicht-empirische Exzellenzmaßstäbe

Die Bestätigung einer Hypothese oder Theorie ist das Maß ihrer rationalen Glaubwürdigkeit; sie ergibt sich durch eine sorgfältige und anspruchsvolle Geltungsprüfung dieser Hypothese. Der Induktivismus hatte die empirische Anbindung einer Hypothese als eine Vorbedingung dafür betrachtet, sie einer Prüfung anhand ihrer Erfahrungskonsequenzen zu unterziehen (vgl. Kap. 2.1.2). Der Verzicht auf solche Anforderungen im hypothetisch-deduktiven Zugang ist mit einem erweiterten Spielraum für akzeptable Hypothesen verbunden, so dass einerseits die Theoriebildung größere Freiheiten für Innovationen genießt (vgl. Kap. 2.3.1), andererseits die Unterbestimmtheit der Theorie durch die Erfahrung stärker hervortritt (vgl. Kap. 2.4.1-2). Insbesondere Willard Van Orman Quine (1908–2000) machte im Anschluss an Duhem geltend, dass die Prüfung einer Hypothese durch ihre empirischen Folgen die Gültigkeit dieser Hypothese nicht sicherzustellen vermag, da stets alternative, unverträgliche Annahmen als Erklärung der gleichen Daten denkbar bleiben (Quine/Ullian 1978, 97). Diese Unterbestimmtheitsbehauptung wird auch als »Duhem-Quine-These« bezeichnet und besagt, dass sich jede beliebige Hypothese angesichts beliebiger Daten aufrechterhalten lässt – falls man bereit ist, hinreichend drastische und im Einzelfall unplausible Anpassungen in anderen Teilen des zugehörigen theoretischen Systems vorzunehmen (Quine/Ullian 1978, 79).

Im zweiten Kapitel wurden bereits Beispiele für unterschiedliche Erklärungen der gleichen Phänomene angegeben (vgl. Kap. 2.4.1-2), der Tragweite der Unterbestimmtheitsthese soll hier nicht weiter nachgegangen werden. In diesem Zusammenhang soll sie allein dokumentieren, dass die Forderung des Einklangs mit der Erfahrung als Auszeichnungsmerkmal für Hypothesen zugleich zu schwach und zu stark ist. Sie ist zu schwach, weil sie nicht zwischen empirisch äquivalenten Alternativen zu unterscheiden vermag, und sie ist zu stark, weil Duhems Problem der nur unsicheren Lokalisierbarkeit der Gründe für theoretische Fehlschläge auf der Basis von Logik und Erfahrung allein einen Freiraum der Anpassung von Theorien an widrige Beobachtungen begründet. Beim Auftreten von empirischen Schwierigkeiten wird häufig zunächst nicht die dem Anschein nach verantwortliche Hypothese aufgegeben, sondern es wird vielleicht auf komplexe und bislang unerforschte Sachumstände hingewiesen und die weitere Untersuchung der Schwierigkeit angeregt. Der springende Punkt ist, dass solche Reaktionen nicht in jedem Fall als bloßes Abwiegeln gelten können, sondern unter Umständen ihre Berechtigung haben. Wie die Beispiele zur mensurellen Theoriebeladenheit vor Augen geführt haben, liegen die Gründe für das Auftreten von Anomalien häufig nicht in der *prima facie* zweifelhaften Hypothese, wodurch Abwarten und Abweisen ihre sachliche Berechtigung besitzen. Es zählt zu Galileis Verdiensten, dass er sich durch das Fehlen einer westlichen Vorzugsrichtung bei irdischen Bewegungsabläufen nicht hat irre machen lassen (vgl. Kap. 3.5). Die Beibehaltung von Hypothesen trotz entgegenstehender Beobachtungen ist also nicht generell zu verwerfen.

Nicht-empirische Exzellenzmaßstäbe

Der Einklang mit der Erfahrung kann also nicht das einzige Auszeichnungsmerkmal für akzeptable Hypothesen oder Theorien in der Wissenschaft sein. Es bedarf der Angabe zusätzlicher Kriterien oder Werte, die auf nicht-empirische Merkmale Bezug nehmen und die Tragweite von Erfahrungen auf wissenschaftliche Hypothesen abzuschätzen helfen.

Tatsächlich kommt in der methodologischen Urteilspraxis der Wissenschaft diese Verpflichtung auf nicht-empirische Qualifikationsmaßstäbe traditionell zur Geltung. Hypothesen werden nicht nur nach ihrer empirischen Adäquatheit beurteilt, sondern auch nach ihrer Einfachheit, ihrer Einheitlichkeit oder der Größe ihres Anwendungsbereichs. Angenommen, man kann einer Klasse von fünfzig Phänomenen mit einer Hypothese gerecht werden oder mit fünfzig Hypothesen; die wissenschaftliche Gemeinschaft wird sich einhellig für die eine Hypothese entscheiden, obwohl sie empirisch nicht besser abschneidet als ihre fünfzig Konkurrenten. In solchen Urteilen drückt sich eine unterschiedliche Beurteilung von empirisch gleichermaßen adäquaten Hypothesensätzen aus, die sich auf nicht-empirische Auszeichnungsmerkmale wie Vereinheitlichungsleistung oder Erklärungskraft stützt.

Der gleiche Zug findet sich auch bei der Zurückweisung von *Ad-hoc-Hypothesen*. Dabei handelt es sich um Hilfsannahmen, die zum Zweck der Behebung eines empirischen Fehlschlags eingeführt werden und die keine unabhängige empirische oder theoretische Stützung besitzen. Sie lösen also genau das Problem, zu dessen Lösung sie eingeführt wurden und können sich nicht auf zusätzliche Gründe stützen. Solche Hypothesen stoßen in Wissenschaftstheorie und Wissenschaftspraxis trotz ihrer empirischen Adäquatheit nur auf geringe Akzeptanz.

Ein Beispiel ist eine der theoretischen Reaktionen der Phlogistontheorie auf das Problem der Gewichtszunahme von Materialien bei der Verbrennung oder Metallkalzination (modern gesprochen: Oxidationsprozessen). Bei solchen Prozessen sollte Phlogiston entweichen (vgl. Kap. 2.3.2), so dass das Gewicht der zurückbleibenden Asche oder des Metallkalks geringer sein sollte als dasjenige der Ausgangsstoffe. In vielen Fällen traf dies zu, in anderen nicht. Asche ist tatsächlich leichter als Holz, und wegen des Abdampfens von Metall bei der Kalzination fand sich dort unter Umständen ebenfalls eine Gewichtsabnahme. Zu Beginn der 1770er Jahre wurden auch die gasförmigen Reaktionsprodukte gesammelt, mit dem Ergebnis, dass Phlogistonabgabe durchweg mit einer Gewichtszunahme einhergeht.

Einige Vertreter der Phlogistontheorie reagierten auf diese Anomalie mit der Hilfshypothese, Phlogiston besitze ein »negatives Gewicht«; sein Austritt vergrößere daher das Gewicht des betreffenden Stoffes. Phlogiston sollte also eine »absolute Leichtigkeit« besitzen (wie das aristotelische Feuer) und von der Erde wegstreben. Diese Hypothese krankte wesentlich daran, dass für sie neben der Lösung der Gewichtsanomalie keinerlei Verdienste geltend gemacht werden konnten. Sie löste kein zweites Problem und konnte sich nicht auf unabhängige Gründe stützen. In der Fachgemeinschaft der Epoche stieß diese Hypothese nur auf geringe Resonanz und wurde eher als Diskreditierung der Phlogistontheorie wahrgenommen. Der Grund für diese Zurückweisung ist nicht, dass Ad-hoc-Hypothesen zwangsläufig falsch sind; gelegentlich stellen sie sich später als zutreffend heraus. Gegen Ad-hoc-Hypothesen spricht vielmehr die geringe empirische Prüfbarkeit und damit das vergrößerte Risiko der Falschheit. Im gegenwärtigen Zusammenhang ist der springende Punkt, dass Ad-hoc-Hypothesen im Einklang mit der Erfahrung stehen und gleichwohl in der Regel nicht akzeptiert werden.

4.2 Listenmodelle der Bestätigungstheorie und Kuhn-Unterbestimmtheit

Wissenschaftlich akzeptable Hypothesen oder Theorien müssen folglich Vorzüge jenseits der empirischen Adäquatheit besitzen. Diese Vorzüge sollten es insbesondere erlauben, zwischen empirisch äquivalenten Alternativen begründete Abstufungen der Glaubwürdigkeit vorzunehmen. Der traditionelle Ansatz für die Einführung solcher Vorzüge besteht in den »Listenmodellen« der methodologischen Beurteilung. Danach tritt neben die empirische Adäquatheit eine Liste nicht-empirischer Auszeichnungsmerkmale, die ebenfalls epistemische (oder kognitive) Ansprüche zum Ausdruck bringen und sich daher mit der Erkenntniskraft der betreffenden Theorie verknüpfen lassen. Trotz des fehlenden Erfahrungsbezugs soll es sich um Erkenntnisleistungen handeln, nicht um bloß pragmatische Eignung, soziale Interessendienlichkeit oder ästhetische Verdienste. Theorien werden danach beurteilt, wie sie auf dieser mehrteiligen Skala abschneiden.

Das berühmteste Beispiel eines solchen Listenmodells stammt von Thomas S. Kuhn (1922–1996). Kuhn will die Beurteilung von Theorien auf empirische Adäquatheit und vier nicht-empirische Bedingungen gründen. Eine qualifizierte Theorie sollte widerspruchsfrei sein, zunächst in sich selbst, aber auch verträglich mit anderen in der betreffenden Epoche anerkannten Theorien, die sich auf verwandte Aspekte der Natur beziehen. Die Konsequenzen der Theorie sollten über die Beobachtungen, Gesetze und Teiltheorien hinausgehen, die sie ursprünglich erklären sollte. Weiterhin sollte die Theorie Erscheinungen ordnen und verknüpfen, die ohne sie nur eine Kollektion isolierter Einzelbefunde wären und zusammengenommen verworren erschienen. Schließlich sollte eine qualifizierte Theorie neuartige Erscheinungen oder zuvor unbekannte Beziehungen zwischen bekannten Erscheinungen aufdecken (Kuhn 1977, 422f.).

In einer gewissen Standardisierung der Terminologie sind für Kuhn damit insgesamt fünf Bedingungen für die Beurteilung einer Theorie maßgeblich: Empirische Adäquatheit, Widerspruchsfreiheit und Kohärenz mit dem Hintergrundwissen, Größe des Anwendungsbereichs, Einfachheit unter Einschluss der Vereinheitlichungsleistung, Vorhersagekraft. Die Qualifikation einer Theorie ist dadurch bestimmt, dass sie möglichst vielen dieser Anforderungen möglichst deutlich genügt.

Ganz ähnlich argumentieren Quine und Ullian. Mit der gleichen Standardisierung der Terminologie enthält ihre Liste von Exzellenzmerkmalen: Kohärenz mit dem Hintergrundwissen, Zurückhaltung bei der Einführung neuer Größen, Einfachheit unter Einschluss der Vereinheitlichungsleistung, Größe des Anwendungsbereichs und empirische Prüfbarkeit (Quine/Ullian 1978, 66-80). Die analoge Liste von Peter Kosso umfasst empirische Prüfbarkeit und Einfachheit, wobei sich Erstere in Kohärenz mit dem Hintergrundwissen, Präzision und Universalität aufgliedert (Kosso 1992, 27-50).

Diese Beispiele für Listenmodelle setzen zwar im Einzelfall die Akzente unterschiedlich, sind aber in mehrerlei Hinsicht inhaltlich im Gleichklang. Einfachheit, Größe des Anwendungsbereichs, Kohärenz mit dem Hintergrundwissen, Prüfbarkeit und Vereinheitlichungsleistung sind breit und prominent vertreten. Mit der möglichen Ausnahme der Einfachheit lassen sich diese Kriterien plausibel mit der Erkenntniskraft einer Theorie in Verbindung bringen. Wenn eine Hypothese in einem großen Erfahrungsbereich zutrifft, gut mit anderen akzeptierten Hypothesen zusammenpasst oder mit einer geringen Zahl von Prinzipien einen großen Erfahrungsbereich präzise wiedergibt, dann bedeutet dies einen Erkenntnisgewinn und spricht für ihre Richtigkeit. Solche Auszeichnungsmerkmale sind epistemisch signifikant und nicht allein von pragmatischem Interesse und sozialer oder ästhetischer Tragweite.

Tatsächlich sind Listenmodelle durchaus geeignet, die vorgenannten Beispiele methodologischer Urteile zu rekonstruieren und damit zu begründen. Die Bevorzugung einer einzigen, übergreifenden Hypothese anstelle einer Mehrzahl spezifischer Annahmen wird durch ihre Vereinheitlichungsleistung begründet. Der Nachteil von Ad-hoc-Hypothesen liegt in ihrer fehlenden Prüfbarkeit ebenso wie in der Beschränkung ihres Anwendungsbereichs. Listenmodelle sind also für eine Diskreditierung auch empirisch adäquater Theorien geeignet. Nicht alle Annahmen, die mit den Erfahrungen übereinstimmen, qualifizieren sich danach bereits als bestätigt.

Kuhn-Unterbestimmtheit

Urteile über die Qualifikation von Hypothesen sind allerdings nicht stets von solcher Eindeutigkeit. Die Kriterien in den Listenmodellen sind bei der Anwendung auf besondere Fälle oft ausdeutbar und präzisierungsbedürftig. Darüber hinaus legen Listenmodelle keinen Vorrang unter den Kriterien fest; es handelt sich im Grundsatz um gleichrangige Anforderungen. Aus diesen Gründen sind bei ihrer Anwendung *Präzisierungen* und *Gewichtungen* erforderlich. Erstens lässt sich aber die Überzahl dieser Kriterien auf unterschiedliche Weise präzisieren, und zweitens können sie bei der Anwendung auf besondere Fälle in gegensätzliche Richtungen weisen. Die Größe des Anwendungsbereichs ist tendenziell gegenläufig zu Einfachheit und Genauigkeit. Dadurch entsteht ein Abwägungsspielraum, der von den einzelnen Forschern durch subjektive Akzente gefüllt wird. Deshalb können sich selbst bei Orientierung an der gleichen Liste unterschiedliche Urteile über die Berechtigung einzelner Hypothesen oder Theorien ergeben (Kuhn 1977, 422-431; Quine/Ullian 1978, 74 f.; Kosso 1992, 46-50).

Dieser Spielraum in der Beurteilung der Leistungsfähigkeit von Hypothesen und Theorien wird als »Kuhn-Unterbestimmtheit« oder als »methodologische Inkommensurabilität« bezeichnet. Gemeint ist damit, dass die Beurteilung der Leistungsfähigkeit alternativer Hypothesen und Theorien wegen der Mehrzahl und Mehrdeutigkeit methodologischer Kriterien Gewichtungen und Präzisierungen verlangt, über die ein begründeter Konsens kaum zu erzielen ist. Deshalb wird auch dann kein eindeutiges Urteil über Hypothesen und Theorien erreicht, wenn nicht-empirische, epistemische Leistungsmerkmale hinzutreten.

Eines von Kuhns Beispielen entstammt der Chemischen Revolution. Die Phlogistontheorie hatte erhebliche Mühe, die Zunahme des Gewichts bei der Verbrennung und beim so genannten Rösten von Metallen, ihrer »Kalzination«, zu erklären (vgl. Kap. 4.1); Lavoisiers Sauerstofftheorie war bei der Erklärung von Gewichtsverhältnissen bei chemischen Reaktionen klar überlegen. Andererseits hatten Reaktionsgewichte in der Chemie vor Lavoisier nur eine marginale Rolle gespielt; Gewichte sollten eher in den Zuständigkeitsbereich der Physik fallen. Erst durch die Chemische Revolution gewannen Schwierigkeiten mit Reaktionsgewichten Bedeutung für die Beurteilung eines Erklärungsvorschlags in der Chemie.

Umgekehrt errang die Phlogistontheorie einen Vorteil bei der Erklärung von Eigenschaften chemischer Stoffe. Phlogiston und andere so genannte »Prinzipien« waren als abstrakte Träger von Eigenschaften konzipiert; die Aufgabe der Chemie bestand in der Erklärung, warum bestimmte Stoffe hart, brennbar oder metallisch sind und warum sich diese Eigenschaften im Verlauf von Reaktionen in bestimmter Weise ändern. Chemische Hypothesen waren in erster Linie danach zu beurteilen, wie gut sie Stoffqualitäten und deren Wandel zu erklären vermochten. In dieser Hinsicht schnitt die Phlogistontheorie nicht schlecht ab; insbesondere konnte allein sie dem Umstand Rechnung tragen, dass die Metalle einander sehr viel ähnlicher sind als die Erze, aus denen sie hergestellt werden (Kuhn 1977, 424, 439 f.). Die Phlogistontheorie sah nämlich vor, dass die metallischen Eigenschaften aus der Anwesenheit von Phlogiston im Metall stammten; Phlogiston galt als gemeinsamer Bestandteil aller Metalle. Hingegen wurden Metalle im Rahmen der Sauerstofftheorie als elementar angesehen, während die Reaktionsprodukte von Verbrennung und Kalzination sämtlich Sauerstoff enthalten und daher in ihren Eigenschaften stärker übereinstimmen sollten.

Beide Theorien spielten demnach ihre empirischen Stärken in unterschiedlichen Erfahrungsbereichen aus und litten unter verschiedenartigen Anomalien. Ihre Anwendungsbereiche wichen systematisch voneinander ab: Bei der Phlogistontheorie stand die Erklärung von Stoffeigenschaften im Vordergrund, bei der Sauerstofftheorie die Erklärung von Reaktionsgewichten. Es ist diese Unterschiedlichkeit des Leistungsprofils, die die Beurteilungsunsicherheiten der Kuhn-Unterbestimmtheit begründen. Keineswegs ist von vornherein ausgemacht, mit welchen Tatsachen eine Theorie übereinstimmen muss.

Insbesondere ist Kuhn-Unterbestimmtheit nicht mit der Behauptung verknüpft, es gebe stets theoretisch unverträgliche, aber empirisch äquivalente Erklärungsansätze. Vielmehr wird eine Situation ins Auge gefasst, in der zwei konkurrierende Theorien ihre Stärken und Schwächen in jeweils unterschiedlichen Problembereichen entfalten. Die Behauptung ist, dass unter solchen Bedingungen auch ein Leistungsvergleich, der nicht-empirische, epistemische Vorzüge einschließt, ohne eindeutiges und einhelliges Ergebnis bleibt.

4.3 Systematische Bestätigungstheorie: Der Bayesianismus

Kuhn-Unterbestimmtheit und die damit verbundenen Beurteilungsunsicherheiten könnten eine Folge der unsystematischen, gleichsam zufälligen Zusammensetzung der jeweiligen Listen sein. Die einzelnen Anforderungen hängen kaum miteinander zusammen; Streichungen und Ergänzungen sind ohne weiteres möglich. Diese Willkür und Beliebigkeit der Listen könnte für die Spielräume bei der Beurteilung konkreter Hypothesen verantwortlich sein. Dies legt die Vermutung nahe, dass die Überwindung der Kuhn-Unterbestimmtheit durch Formulierung einer kohärenten Bestätigungstheorie möglich ist, die zu stärker einheitlichen Bedingungen führte. Der so genannte Bayesianismus zählt zu den prominentesten Vertretern dieses Genres. Im Folgenden werden zunächst die Grundzüge des Bayesianismus beschrieben und dann in der Anwendung vorgeführt. Abschließend wird die Kuhn-Unterbestimmtheit noch einmal aufgegriffen.

4.3.1 Grundzüge des Bayesianismus

Der Bayesianismus orientiert die Beurteilung von Hypothesen an der Wahrscheinlichkeitstheorie. Die Festlegung lautet, dass eine Hypothese dann gut bestätigt ist, wenn sie im Lichte der verfügbaren Daten eine hohe Wahrscheinlichkeit besitzt. Die Wahrscheinlichkeitstheorie bezieht sich zum einen auf die relative Häufigkeit wiederholbarer Ereignisse wie das Auftreten von Spielkarten oder von Ergebnissen beim Würfeln, die statistische Wahrscheinlichkeit, zum anderen auf die Stützung oder Schwächung der Glaubwürdigkeit von Aussagen im Licht anderer Aussagen, die logische oder induktive Wahrscheinlichkeit.

Bayes' Theorem wurde 1763 von Thomas Bayes abgeleitet und verknüpft bedingte Wahrscheinlichkeiten miteinander. Die bedingte Wahrscheinlichkeit p(a/b) drückt die Wahrscheinlichkeit für das Auftreten des Ereignisses *a* aus, wenn das Ereignis *b* bereits vorliegt. In der Übertragung auf induktive Wahrscheinlichkeiten bezeichnet sie die Glaubwürdigkeit einer Aussage unter Voraussetzung einer anderen Aussage. Die für die Bestätigungstheorie relevante Größe ist offenbar die bedingte Wahrscheinlichkeit der Hypothese *h* unter Voraussetzung von empirischen Befunden *e*. Bei entsprechender Einsetzung nimmt Bayes' Theorem die Gestalt an:

$$p(h/e) = \frac{p(e/h)\, p(h)}{p(e)}$$

Für den Bayesianismus stellt dieser Ausdruck die zentrale Grundlage der empirischen Bestätigung von Hypothesen in der Wissenschaft dar. Ein Befund *e* stützt eine Hypothese *h*, wenn *e* zu einer Steigerung der Wahrscheinlichkeit von *h* führt.

Die einzelnen Größen in Bayes' Theorem werden dabei auf folgende Weise bezeichnet: *p(h/e)* ist die *Hypothesenwahrscheinlichkeit*, die die Glaubwürdigkeit der Hypothese *h* bei gegebenen Daten *e* als bedingte Wahrscheinlichkeit von *h* ausdrückt. Dies ist der Bestätigungsgrad, auf dessen Explikation die Bestätigungstheorie wesentlich abzielt.

p(h) ist die *Anfangswahrscheinlichkeit* (*prior probability*) von *h*, also die Wahrscheinlichkeit der Hypothese vor der Gewinnung der Daten *e*.

$p(e/h)$ bezeichnet die *Erwartbarkeit* (*Likelihood*) von e, also die Wahrscheinlichkeit der Daten e auf der Grundlage der Hypothese h. Die Erwartbarkeit bezieht sich auf die empirischen Befunde, nicht auf die Hypothese; sie bringt zum Ausdruck, in welchem Grade mit dem Auftreten der spezifischen Daten e zu rechnen war, wenn h richtig ist.

Die *Datenwahrscheinlichkeit* $p(e)$ beinhaltet, in welchem Maße mit dem Auftreten von e zu rechnen war, unabhängig davon, ob h zutrifft.

In seiner verbreiteten Form fasst der Bayesianismus Anfangswahrscheinlichkeiten als bloß subjektives Maß der anfänglichen Glaubwürdigkeit von Hypothesen auf. Es wird auf Vorgaben dafür verzichtet, wie die Anfangswahrscheinlichkeiten aus den Daten oder den Situationsmerkmalen zu bestimmen sind. Die einzige Beschränkung besteht darin, die Zuschreibung von Anfangswahrscheinlichkeiten im Einklang mit den Regeln der Wahrscheinlichkeitsrechnung vorzunehmen.

Der zentrale Grund für diese Zurückhaltung besteht in dem Scheitern der vorangegangenen Versuche, Anfangswahrscheinlichkeiten an objektive Eigenschaften der jeweiligen Sachlage zu binden. Die initiale Plausibilität von Hypothesen wird also nicht durch Regeln der Bestätigungstheorie festgelegt; solche Regeln greifen stattdessen erst bei der Verarbeitung von Anfangswahrscheinlichkeiten zu Hypothesenwahrscheinlichkeiten an. Allerdings wird man plausiblerweise die Anfangswahrscheinlichkeiten nach Maßgabe der Urteile der zugehörigen wissenschaftlichen Gemeinschaft ansetzen.

Weiterhin werden im Bayesianismus sämtliche Wahrscheinlichkeiten auf der Grundlage des jeweiligen Hintergrundwissens abgeschätzt. Entsprechend bezeichnen Anfangswahrscheinlichkeiten die Plausibilität von Annahmen nach Maßgabe des akzeptierten Wissenskanons vor der Gewinnung der betreffenden Beobachtungsbefunde. Da es sich jedoch um subjektive Wahrscheinlichkeiten handelt, ist im Einzelfall zu berücksichtigen, dass Wissenschaftler Elemente des Hintergrundwissens zurückweisen und durch andere ersetzt wissen wollen.

Damit Bayes' Theorem von einem Lehrsatz der Wahrscheinlichkeitstheorie zur Grundlage der Bestätigungstheorie werden kann, bedarf es der zusätzlichen Festlegung auf das so genannte *Prinzip der Konditionalisierung*. Danach wird Bayes' Theorem als Regel für die Anpassung von Überzeugungen an Erfahrungen benutzt. Alle Größen auf der rechten Seite von Bayes' Theorem beziehen sich auf die Situation *vor* der Ermittlung der Daten e; die Hypothesenwahrscheinlichkeit soll hingegen die Glaubwürdigkeit der Hypothese *nach* Ermittlung der Befunde bezeichnen. Die Festlegung, diesen Übergang nach Maßgabe von Bayes' Theorem vorzunehmen, stellt das Prinzip der Konditionalisierung dar (Howson/Urbach 1989, 79-118).

4.3.2 Bestätigungsrelevante Einflussfaktoren

Die Datenwahrscheinlichkeit $p(e)$ soll Aufschluss darüber geben, in welchem Grade das Auftreten der Befunde e zu erwarten war, ohne dass Annahmen über die Gültigkeit der Hypothese h gemacht werden. Ein solcher Ausdruck scheint zunächst schwer zu handhaben und zu quantifizieren. Pierre Simon de Laplace hat diesen Ausdruck in eine Reihe bedingter Wahrscheinlichkeiten entwickelt, bei denen jeweils die Richtigkeit oder die Falschheit der Hypothese als Bedingung angenommen wird. Wird die Falschheit der Hypothese durch »¬h« (nicht h) bezeichnet, dann stellt sich die von Laplace hergeleitete *Zweite Form von Bayes' Theorem* wie folgt dar:

$$p(h/e) = \frac{p(e/h)\, p(h)}{p(e/h)\, p(h) + p(e/\neg h)\, p(\neg h)}$$

Diese Form lässt die im Bayesianismus bestätigungsrelevanten Faktoren klarer hervortreten. Dazu werden Zähler und Nenner auf der rechten Seite durch *p(e/h) p(h)* dividiert. Es ergibt sich:

$$p(h/e) = \frac{1}{1 + \frac{p(e/\neg h)\, p(\neg h)}{p(e/h)\, p(h)}}$$

Jetzt wird deutlich, dass die Hypothesenwahrscheinlichkeit in Bayes' Theorem durch zwei Quotienten festgelegt wird:

(1) Die *Erwartbarkeit* von e unter Voraussetzung der Hypothese im Vergleich zu ihrer Negation: $p(e/\neg h) : p(e/h)$. Die Erwartbarkeit besagt, in welchem Grade das Auftreten der Daten auf der Grundlage der Hypothese bzw. ohne sie zu erwarten war. Ein hoher Bestätigungswert ergibt sich, wenn dieses Verhältnis klein ist; wenn also die Erwartbarkeit ohne *h* klein, mit *h* aber groß ist. Dieses Verhältnis lässt sich auch temporal als Steigerung der Erwartbarkeit der Daten durch die Annahme der Hypothese deuten.

Die Veränderung der Erwartbarkeit der Daten durch die Annahme der Hypothese stellt einen der zentralen Gesichtspunkte des Bayesianismus dar. Hohe Bestätigungswirkung liegt vor, wenn die Daten durch die Hypothese nahe gelegt werden, während sie auf der Basis des Hintergrundwissens allein nicht zu erwarten waren.

(2) Die *Anfangswahrscheinlichkeit* der Hypothese im Vergleich zu ihrer Negation: $p(\neg h) : p(h)$. Wiederum ergibt sich ein hoher Bestätigungswert, wenn dieses Verhältnis klein ist; wenn also die Anfangswahrscheinlichkeit von *h* (auf der Grundlage

des Hintergrundwissens) groß ist. Je glaubwürdiger *h* vor dem Auffinden einschlägiger Befunde ist (und je weniger glaubwürdig entsprechend ¬h ist), desto besser ist *h ceteris paribus* bestätigt. Einer Hypothese, die durch das Hintergrundwissen nahe gelegt wird und damit zu anderen theoretischen Annahmen passt, kommt danach eine größere Anfangswahrscheinlichkeit zu als einer Hypothese, die im Gegensatz zum Hintergrundwissen steht. Kohärenz mit dem Hintergrundwissen ist also bayesianisch favorisiert.

Darüber hinaus verhält sich aus Bayesianischem Blickwinkel die Anfangswahrscheinlichkeit konvers zur Größe des Anwendungsbereichs der Hypothese. Eine Hypothese, die nur für eine geringe Zahl von Anwendungsfällen Gültigkeit beansprucht, ist unter sonst gleichen Umständen und vor der Gewinnung einschlägiger empirischer Befunde plausibler als eine Hypothese mit universellem Geltungsanspruch. Ebenso wird eine Hypothese, die lediglich ungenaue Aussagen über den betreffenden Sachbereich macht, wahrscheinlich eher zutreffen – und folglich eine höhere Anfangswahrscheinlichkeit besitzen – als eine Hypothese mit sehr präzisen Konsequenzen. Die Folge ist, dass bayesianisch die Anfangswahrscheinlichkeit einer Hypothese mit der Größe des Anwendungsbereichs und der Genauigkeit der zugehörigen empirischen Konsequenzen abfällt.

Zugleich wächst die Hypothesenwahrscheinlichkeit *ceteris paribus* mit der Anfangswahrscheinlichkeit, und dieser positive Zusammenhang macht für Popper den Wahrscheinlichkeitsbegriff für die Bestätigungstheorie unbrauchbar. Popper setzt auf »kühne Vermutungen«, also auf Hypothesen, von denen nach Maßgabe des Hintergrundwissens zu erwarten war, dass sie falsch sind und deren empirische Widerlegung dann gleichwohl scheitert (Popper 1935, 82f.; Popper 1963, 218f.; vgl. Kap. 2.3.2). Für Popper sind mithin Hypothesen niedriger Anfangswahrscheinlichkeit unter sonst gleichen Bedingungen besser bestätigt. Die Ausrichtung der Bestätigungstheorie an Wahrscheinlichkeiten führt nach Popper hingegen zu einer methodologisch verhängnisvollen Prämie auf risikoarme Annahmen. Wissenschaftlich fruchtbare Hypothesen erheben häufig ausgreifende Ansprüche, so dass mit ihrem Scheitern zu rechnen ist. Sternstunden der Wissenschaft stellen sich aber gerade dann ein, wenn solche riskanten Vermutungen die strenge Prüfung überstehen. Entsprechend gebührt Hypothesen mit niedriger Anfangswahrscheinlichkeit der Vorrang. Dieser Intuition können nach Ansicht Poppers wahrscheinlichkeitstheoretische Ansätze aber grundsätzlich nicht Rechnung tragen. Ich komme auf diese Frage zurück (vgl. Kap. 4.3.3).

4.3.3 Die Kontinentalverschiebung als Beispiel Bayesianischer Bestätigung

Der Einfluss dieser beiden vom Bayesianismus als zentral eingestuften Elemente wissenschaftlicher Bestätigung soll anhand eines Beispiels aus der Wissenschaftspraxis diskutiert werden. Dieses ist den Geowissenschaften entnommen und bezieht sich auf die Bestätigung der Hypothese der Kontinentalverschiebung. Dabei soll insbesondere deutlich werden, wie die bestätigungsrelevanten Einflussfaktoren der Anfangswahrscheinlichkeit und Erwartbarkeit zu konkreten Urteilen über die empirische Stützung von Hypothesen führen können.

Die Hypothese der horizontalen Wanderungsbewegung der Kontinente wurde 1915 von Alfred Wegener (1880-1930) formuliert. Wegener nahm an, dass ursprünglich nur ein einziger gewaltiger Urkontinent existiert hatte, der am Ende der Kreidezeit auseinander gebrochen war. Die Bruchstücke hatten nach Wegener langsame Wanderungs- und Rotationsbewegungen ausgeführt – und sich dabei im Laufe geologischer Zeiträume an ihre heutigen Positionen bewegt. Wegener ging davon aus, dass diese Verschiebung weiter anhält. Er stützte seine Annahme auf die folgenden Indizien.

(1) Es gibt auffällige Ähnlichkeiten der Küstenlinien der Kontinente. Besonders ins Auge springt dabei die Übereinstimmung zwischen Westafrika und Südamerika. Unter der Annahme der Kontinentalverschiebung ergibt sich diese Übereinstimmung daraus, dass die heute durch Ozeane getrennten Landmassen ursprünglich benachbart waren. Die Begrenzungen der Kontinente markieren die Linien, entlang derer der Urkontinent einstmals aufbrach.

(2) Geologisch zeigen sich Übereinstimmungen von Gesteinsformationen in Küstennähe. Insbesondere im Südatlantik setzen sich die geologischen Schichtungen über den Ozean hinweg fort. Auch dies erklärt sich zwanglos als Folge der Kontinentalverschiebung. Die nunmehr durch das Weltmeer getrennten Formationen sind einstmals in unmittelbarer Nachbarschaft entstanden.

(3) Es finden sich transkontinentale biologische Ähnlichkeiten. Insbesondere sind auf beiden Seiten des Atlantiks ähnliche Tier- und Pflanzenarten verbreitet, und diese Ähnlichkeit nimmt mit wachsendem Alter zu, ist also bei fossilen Befunden stärker ausgeprägt als bei rezenten Arten. Nach Wegener stammt diese biologische Verwandtschaft aus der einstigen räumlichen Nachbarschaft; es handelt sich um Spezies gemeinsamen Ursprungs.

(4) In Amerika konzentriert sich die tektonische Aktivität auf die Westküste. Dort existieren geologisch junge Gebirgsketten (nämlich die Rocky Mountains und die Anden), und es treten vulkanische Aktivitäten und Erdbeben auf. Nichts davon findet sich an der Ostküste. Die Hypothese der Kontinental-

verschiebung erklärt diese Asymmetrie durch die Annahme, dass der amerikanische Doppelkontinent westwärts durch den Ozeanboden pflügt. Die Gebirgsketten im Westen türmen sich aufgrund der Stauchung der Gesteinsformationen auf, und die sonstige geophysikalische Aktivität ist ebenfalls Ergebnis dieser Deformationsprozesse.

Die größte Schwierigkeit Wegeners stellte die geringe Plausibilität der Annahme einer Horizontalbewegung der Kontinente dar. Es waren keinerlei Kräfte bekannt, die die gewaltigen Kontinente durch den Meeresboden treiben könnten. Darüber hinaus schien eine solche Bewegung durch die Tatsache ausgeschlossen, dass das Material der Kontinente leichter und weniger hart ist als das Material des Meeresbodens und deshalb bei der Verschiebung durch den harten Untergrund eher zerbröseln sollte. Die Wanderung der Kontinente schien also aus geophysikalischen Gründen ausgeschlossen. Wegeners Hypothese wurde daher weitgehend als unzulänglich eingestuft und zurückgewiesen.

Diese Situation änderte sich erst, nachdem zwischen 1955 und 1965 eine Reihe von Tatsachen aus den Bereichen der Ozeanografie und des Paläomagnetismus entdeckt wurde, die ohne die Annahme der Kontinentalverschiebung kaum erklärbar war. Zunächst stellte sich heraus, dass der Meeresboden geologisch gesehen relativ jung war; insbesondere war er jünger als das Gestein der Kontinente. Dies legte die Vermutung nahe, dass das Material des Meeresbodens erst vor vergleichsweise kurzer Zeit gebildet worden war und dass dieser Prozess der unterseeischen Gesteinsbildung weiter anhält.

Dazu passte die Entdeckung eines Systems mittelozeanischer Rücken. Harry Hess formulierte 1961 die Hypothese, dass diese Rücken durch den Aufstieg heißer Lava aus dem Erdmantel gebildet werden. Dieses erhitzte Material im Mantel bildet Konvektionszellen aus, und die mittelozeanischen Rücken stellen deren aufsteigende Äste dar. Diese Annahme legte nahe, dass sich ausgehend von den Rücken das Material der ozeanischen Kruste seitwärts verschiebt und an anderer Stelle wieder in den Mantel abtaucht. Dafür bot sich das bereits zuvor bekannte System von Tiefseegräben an.

Dieses Modell der Spreizung des Meeresbodens erlaubte eine zwanglose Erklärung der Kontinentalverschiebung. Im Gegensatz zur ursprünglichen Wegenerschen Version pflügen die Kontinente nicht durch den Meeresgrund; es ist vielmehr die ozeanische Kruste selbst, die beständig neu gebildet wird und eine Horizontalverschiebung ausführt. Der wandernde Meeresboden führt die passiv auf ihr schwimmenden Kontinente mit sich. Der zuvor rätselhafte Mechanismus der Bewegung der Kontinente besteht also in Neubildung und Verschiebung der ozeanischen Kruste.

Ihren Durchbruch erzielte die Kontinentalverschiebungs-Hypothese, als es gelang, die Vermutung der Wanderung der ozeanischen Kruste durch unabhängige, paläomagnetische Daten zu stützen. Wenn Lava nach ihrem Austritt abkühlt und erstarrt, dann richten sich die in ihr enthaltenen ferromagnetischen Materialien (wie Eisen) nach der örtlich vorherrschenden Richtung des Erdmagnetfelds aus. Diese Orientierung behalten sie in der Folge bei. Im Laufe der Erdgeschichte polte sich das Erdmagnetfeld mehrfach um; es trat also eine Vertauschung von Nord- und Südpol auf. Diese veränderte Polarität dokumentiert sich in der jeweils vertauschten Orientierung der magnetischen Materialien im Lavagestein, welches in der betreffenden erdgeschichtlichen Epoche austrat und sich verfestigte.

Wenn die Vorstellung richtig ist, dass die Kontinente durch die Verschiebung des Meeresbodens vorangetrieben werden, dann sollte sich die wechselnde Polarität des Erdmagnetfelds in der magnetischen Orientierung des Gesteins der ozeanischen Kruste widerspiegeln. Ausgehend von den mittelozeanischen Rücken sollten sich symmetrische Streifen wechselnder magnetischer Orientierung finden. Die Geschichte des Erdmagnetfelds sollte in dieser Weise auf dem Meeresboden ausgebreitet sein. Diese Streifen wurden 1963 tatsächlich gefunden.

Weiterhin folgt, dass weltweit alle Lava, die in ein und derselben erdgeschichtlichen Epoche erstarrte, die gleiche Polarität des Magnetfelds anzeigen sollte. Daraus ergibt sich wiederum, dass Lava, die sich an verschiedenen, geologisch nicht miteinander verknüpften Orten verfestigte, das gleiche Muster von Polaritätswechseln aufweisen sollte. Diese vorhergesagte Korrelation bestätigte sich 1966. So fand man eine Übereinstimmung zwischen den magnetischen Profilen des pazifisch-antarktischen Rückens und des isländischen Rückens. Überdies stimmte das horizontal auf dem Meeresboden ausgebreitete Magnetprofil mit dem Magnetprofil überein, das in vertikaler Schichtung in der erkalteten Lava von Vulkanen an Land vorlag.

Es ist der doppelte Befund der symmetrisch abwechselnden magnetischen Ausrichtung der ozeanischen Kruste und der globalen Übereinstimmung magnetischer Profile, der die Annahme der Neubildung und Bewegung der ozeanischen Kruste stützte. Deren Bewegung legte aber die Verschiebung der auf dieser Kruste schwimmenden Kontinente stark nahe, so dass auch diese Vermutung durch die paläomagnetischen Daten untermauert wird. In der Folge dieses empirischen Erfolgs wurde die Hypothese der Kontinentalverschiebung weitgehend einhellig akzeptiert (Frankel 1979, 28-49; Giere 1984, 130-136; vgl. Brown 2001, 32-34).

Die einschlägigen Bestätigungsverhältnisse sollen nun aus dem Blickwinkel des Bayesianismus rekonstruiert werden. Das Beispiel illustriert den Einfluss von vier Faktoren auf die Hypothesenwahrscheinlichkeit, nämlich (1) die Vereinheitlichungsleistung einer Erklärung, (2) die Erklärung des Rätselhaften, (3) die Spezifität der Erklärung und (4) die Tragweite des Hintergrundwissens.

Die Vereinheitlichungsleistung der Erklärung

Bayesianisch bestätigt die Integration einer Vielzahl unterschiedlicher Tatsachen durch eine einzelne Hypothese diese Hypothese besonders stark. Der einschlägige Bayesianische Mechanismus ist die *Steigerung der Erwartbarkeit* der relevanten Daten durch die Hypothese. Wesentlich für die Beurteilung dieser Steigerung ist zunächst, wie groß die Erwartbarkeit dieser Daten aufgrund des Hintergrundwissens allein und ohne die Annahme der Hypothese ist. Dieser Wert wird durch Bezug auf alternative Hypothesen ermittelt. Man betrachtet also andersartige Erklärungen der betreffenden Befunde und untersucht vergleichend, wie plausibel jene diese Befunde erscheinen lassen (Salmon 1990, 190-192). Auf der Grundlage der von Wegener ursprünglich angeführten Phänomene führt dies zu folgender Einschätzung.

Erstens wurden die transatlantischen Beziehungen der Tier- und Pflanzenwelt alternativ zur Kontinentalverschiebung auf vormals existierende Landbrücken zurückgeführt, die nachmalig spurenlos in den Tiefen des Ozeans versunken waren. Auf die spätere Unterbrechung der Landverbindung geht auch die größere Ähnlichkeit der fossilen Funde im Vergleich zu den rezenten Formen von Flora und Fauna zurück. Zwar war die Annahme der versunkenen Landbrücken nicht unabhängig empirisch gestützt – ebenso wenig wie die Bewegung der Kontinente; sie hatte gleichwohl zur Folge, dass die Erwartbarkeit der biologischen Korrelationen ohne Einführung der Kontinentalverschiebung nicht als gering eingestuft wurde.

Zweitens waren weltweit gesehen die Übereinstimmungen der Küstenlinien und die Ähnlichkeiten transkontinentaler geologischer Schichten alles andere als fraglos auffällig. Neben den klaren Fall der Passung von Südamerika und Afrika treten schon im Nordatlantik Küstenlinien ohne klare Übereinstimmung. Daher war es durchaus denkbar, dass die nordatlantische Passung auf Zufälligkeiten bei der Bildung der Kontinente zurückging.

Drittens konnte die Asymmetrie der tektonischen Aktivität in Amerika auf allen möglichen Ursachen beruhen. Die Annahme der Wanderung der Kontinente vermochte nämlich keineswegs der weltweiten geografischen Verteilung von Gebirgsbildung, Vulkanismus und Erdbeben Rechnung zu tragen. Gebirge befinden sich wie die Alpen auch in der Mitte von Kontinenten, und Vulkane gibt es z.B. auch auf Hawaii und Island, Erdbeben auch im Himalaya und in Italien, wo kein Kontinent die Meere durchpflügt. Wegeners Hypothese erklärte nur einen einzigen Aspekt dieser weltweiten Verteilung, nämlich die amerikanische Asymmetrie. Wegen dieser Beschränkung konnte die Kontinentalverschiebung bestenfalls einen Teil der Ursachen tektonischer Aktivität erfassen, so dass es in jedem Fall noch weitere Ursachen geben musste. Dann aber war keineswegs auszuschließen, dass diese weiteren Ursachen auch für die amerikanische Asymmetrie verantwortlich waren. Insgesamt war daher die Erwartbarkeit der von Wegener zur Stützung herangezogenen Einzelphänomene auf der Grundlage der alternativen Landbrücken-Hypothese nicht sehr klein. Die Einführung der Kontinentalverschiebung konnte daher keine drastische Erhöhung dieser Werte zur Folge haben.

Ein anderes Bild entsteht jedoch, wenn man nicht jedes dieser Phänomene einzeln betrachtet, sondern ihr gemeinsames Auftreten berücksichtigt. Obwohl jedes einzeln auf besondere, jeweils andersartige Ursachen zurückgeführt werden konnte, ergeben sich doch alle gemeinsam aus der Verschiebungshypothese. Obgleich für jedes einzelne Phänomen eine andersartige Erklärung verfügbar ist, wäre doch ihr *gemeinsames Auftreten unwahrscheinlich*, wenn die Hypothese nicht stimmt. Nach dem Multiplikationstheorem der Wahrscheinlichkeitsrechnung ist nämlich die Wahrscheinlichkeit für das gemeinsame Auftreten von Ereignissen, die voneinander unabhängig sind, gleich dem Produkt der Einzelwahrscheinlichkeiten. Dieses Produkt ist in jedem Falle kleiner als jede der betreffenden Einzelwahrscheinlichkeiten. Die Gemeinsamkeit des Auftretens ist danach unwahrscheinlich, obwohl jedes einzelne Phänomen nicht unwahrscheinlich sein mag. Es ist nicht unwahrscheinlich, eine gerade Zahl zu würfeln, aber es ist unwahrscheinlich, fünfmal hintereinander eine gerade Zahl zu würfeln.

Die Erwartbarkeit einer Klasse unterschiedlicher Phänomene ist danach kleiner als die Erwartbarkeit jedes dieser Phänomene separat. Die Angabe einer Hypothese, die alle Phänomene dieser Klasse erklärt, lässt sämtliche einschlägigen Befunde erwarten und hebt dementsprechend die Erwartbarkeit an. Deshalb führt die einheitliche Erklärung von augenscheinlich verschiedenen Sachverhalten zu einer markanten Erhöhung ihrer Erwartbarkeit. Ohne eine solche Erklärung hätte man für jeden Sachverhalt eine gesonderte Hypothese anzugeben. Da aber die Erwartbarkeit der Einzelbefunde ohne die jeweilige Hypothese wegen der genannten wahrscheinlichkeitstheoretischen Zusammenhänge höher liegt als die betreffende Erwartbarkeit der integralen Klasse, fällt auch die Steigerung der Erwartbarkeit durch die Annahme vieler Einzelhypothesen weniger deutlich aus.

Eine ausgeprägte Steigerung der Erwartbarkeit geht aus dem Blickwinkel von Bayes' Theorem mit einer signifikanten Erhöhung der Hypothesenwahrscheinlichkeit einher. Die Hypothese wird also durch die Befunde klar gestützt. Dies erklärt, warum die Vereinheitlichungsleistung einer Theorie diese Theorie nach Bayesianischen Maßstäben bestätigt.

Tatsächlich galt wissenschaftshistorisch diese Integrationsleistung von Wegeners Hypothese schon vor ihrer allgemeinen Annahme als ihr wesentlicher Vorzug. Es war die gleichartige Erklärung einer Vielzahl von biologischen, paläobiologischen, geologischen und geophysikalischen Phänomenen, die die Hypothese der Kontinentalverschiebung – trotz aller Schwierigkeiten – mit einer gewissen Plausibilität ausstattete. Obwohl die Hypothese aufgrund des Fehlens eines plausiblen Verschiebungsmechanismus in der wissenschaftlichen Gemeinschaft nicht akzeptiert wurde, hielt sie diese Leistung doch über Jahrzehnte als Erklärungsoption im Spiel.

Dieser Bayesianische Mechanismus der vergrößerten Steigerung der Erwartbarkeit durch umfassende Hypothesen im Vergleich zu einer stückweisen Einpassung von Daten kompensiert die mit solchen ausgreifenden Annahmen ebenfalls verbundene verringerte Anfangswahrscheinlichkeit. Popper hatte gegen den Nutzen von Wahrscheinlichkeiten in der Bestätigungstheorie geltend gemacht, dass die Verkleinerung des Anwendungsbereichs einer Hypothese zu einer erhöhten Anfangswahrscheinlichkeit und damit *ceteris paribus* zu einer gesteigerten Hypothesenwahrscheinlichkeit führt (vgl. Kap. 4.3.2). Die Bayesianische Erwiderung ist dann, dass diese eher unplausible Favorisierung enger Hypothesen neutralisiert wird, weil bei solchen Hypothesen die erreichbare Steigerung der Erwartbarkeit geringer ausfällt, was unter sonst gleichen Umständen mit einer reduzierten Hypothesenwahrscheinlichkeit einhergeht. Die Einflüsse von Anfangswahrscheinlichkeit und Erwartbarkeit sind also gegenläufig, wodurch zumindest die Favorisierung von Hypothesen kleiner Anwendungsbereiche aufgehoben wird.

Die Erklärung des Rätselhaften

Der zweite Einflussfaktor ist die hohe Bestätigungswirkung der Erklärung ansonsten rätselhafter Phänomene. Wenn ein Effekt ohne die Annahme einer Hypothese schlechthin unerklärlich wäre, stellt dieser Effekt eine besondere Stütze der Hypothese dar. Dies leitet sich ebenfalls aus der Steigerung der Erwartbarkeit der Daten durch die Annahme der Hypothese her. Ohne die Hypothese ist ein solch rätselhafter Befund in keiner Weise zu erwarten; seine Erwartbarkeit ist verschwindend gering. Wenn der Befund dann durch die Hypothese nahe gelegt wird, steigt seine Erwartbarkeit drastisch an, und entsprechend groß ist seine Bestätigungswirkung auf die Hypothese.

Bayesianisch ist dies der Grund für die herausgehobene Bestätigungswirkung erfolgreicher Vorhersagen. Wenn eine Theorie einen zuvor unbekannten Effekt zutreffend vorhersagt, dann war dieser Effekt ohne die Theorie nicht zu erwarten. Die Theorie steigert also die Erwartbarkeit des Effekts, und deshalb bestätigt der Effekt die Theorie. Die Prognose der Existenz von symmetrisch wechselnden magnetischen Orientierungen und der Korrelation zwischen den Polaritätsprofilen von Lavaproben unterschiedlicher geografischer Herkunft stellt dafür ein Beispiel bereit. Diese Korrelation war ohne die Annahme der Neubildung und Wanderung der ozeanischen Kruste in keiner Weise zu erwarten gewesen. Ohne diese Annahme würden die Lavaproben keinerlei geophysikalisch fassbare Beziehung aufweisen. Folglich wäre die Übereinstimmung im Wechsel der magnetischen Orientierungen schlechthin unerklärlich. Entsprechend stark ist die Stützung der These von der Bewegung des Meeresbodens durch diesen Befund. Die Verschiebung des Meeresbodens beinhaltet ihrerseits die Wanderung der Kontinente.

Im Bayesianismus hat die herausgehobene Bestätigungswirkung von Prognosen mit den dabei vorliegenden Zeitverhältnissen nichts zu tun. Wenn eine Theorie ein Phänomen erfolgreich vorhersagt, dann stützt dies das Urteil, dass das Phänomen ohne die Theorie nicht zu erwarten gewesen wäre. Die Vorhersage zeigt lediglich an, dass mit dem betreffenden Befund nicht vorab zu rechnen war und dass dieser folglich eine niedrige Erwartbarkeit besaß. Bestätigungstheoretisch ist die Situation jedoch von genau gleicher Art, wenn das Phänomen zuvor bereits bekannt war, vor der Formulierung der Theorie jedoch als unerklärlich galt. Bayesianisch macht es keinerlei Unterschied, ob ein weit blickender Forscher eine unwahrscheinliche Konsequenz zuvor antizipiert hatte oder ob die Theorie einer bereits bekannten mysteriösen Tatsache im Nachhinein Rechnung trägt. Logische, nicht temporale Beziehungen zwischen Theorie und Daten sind von Belang.

Die Spezifität der Erklärung

Die Spezifität einer Erklärung erhöht bayesianisch die Bestätigung der zugrunde liegenden Hypothese. Erklärungen, die den Daten einen großen Anpassungsspielraum belassen, sind *ceteris paribus* schlechter bestätigt als Erklärungen, die den Einzelheiten der Befunde Rechnung tragen. Diese erhöhte Bestätigungswirkung wird ebenfalls über die Steigerung der Erwartbarkeit der Befunde erreicht.

Hätte die Kontinentalverschiebungs-Hypothese in Verbindung mit dem geophysikalischen Hintergrundwissen lediglich eine lockere Beziehung zwischen den Polaritätsprofilen von gleichzeitig an unterschiedlichen Orten gebildeter ozeanischer Kruste erwarten lassen, dann wäre die Bestätigungswirkung durch den Aufweis dieser Beziehung geringer ausgefallen als durch die spezifischere Bestimmung der genauen Korrelation. Je weniger präzise der Zusammenhang umrissen wird, desto größer ist ihre Erwartbarkeit ohne die fragliche Hypothese und desto geringer ist folglich die mögliche Steigerung der Erwartbarkeit durch Annahme der Hypothese. Die Steigerung der Erwartbarkeit setzt sich *ceteris paribus* in eine erhöhte Hypothesenwahrscheinlichkeit um, so dass im Ergebnis diffuse Hypothesen durch die gleichen Befunde geringer gestützt werden als spezifische Hypothesen.

Dieser Einfluss der Spezifität der Erklärung auf die Hypothesenbeurteilung zeigt sich ebenfalls bei der geringen Bestätigungswirkung der Erklärung der Asymmetrie der tektonischen Aktivität auf dem amerikanischen Doppelkontinent durch die Frühform der Kontinentalverschiebungs-Hypothese. Diese lieferte keinerlei Erklärung für das globale Verteilungsmuster von Vulkanismus und Erdbeben; sie konnte nur einem kleinen Ausschnitt der relevanten Befunde Rechnung tragen. Weder der Vulkanismus auf Hawaii noch die Erdbeben in Italien konnten durch die Annahme der Wanderung der Kontinente einer Klärung näher gebracht werden. Die Kontinentalverschiebungs-Hypothese vermochte nur die groben Züge eines einzigen Falls von Aktivitätsunterschieden zu erfassen. Folglich ist die Erwartbarkeit der gesamten Aktivitätsverteilung auf der Erde ohne Annahme der Kontinentalverschiebung nicht als sonderlich gering einzustufen.

Im Ergebnis sind bayesianisch spezifische Erklärungen vorzuziehen. Der Grund ist, dass die stärkere Berücksichtigung von Details in den Daten oder von Korrelationen zwischen den Daten die Erwartbarkeit gerade dieser Daten zunächst herabsetzt. Ohne die zugehörige theoretische Auszeichnung wären andersartige Befunde in gleicher Weise zu erwarten gewesen, und das Auftreten eines bestimmten Musters in diesen Befunden wäre vor der Vielzahl von Alternativen nicht bevorzugt. Die Erwartbarkeit ist entsprechend niedrig. Als Folge der theoretischen Erklärung sind aber genau diese Befunde und diese Muster zu erwarten, so dass deren Erwartbarkeit in erheblichem Maße ansteigt. Der Schluss ist, dass die Spezifität oder Detailgenauigkeit einer Erklärung die Bestätigungswirkung der betreffenden Daten erhöht.

Der Gesichtspunkt der Steigerung der Erwartbarkeit favorisiert damit spezifische Erklärungen und kompensiert den Einfluss der reduzierten Anfangswahrscheinlichkeit präziser Hypothesen. Popper hatte eingewendet, dass die vermehrte Ungenauigkeit einer Hypothese zu einer erhöhten Anfangswahrscheinlichkeit und damit tendenziell zu einer gesteigerten Hypothesenwahrscheinlichkeit führt (vgl. Kap. 4.3.3). Aber diese Favorisierung verschwommener Hypothesen wird dadurch neutralisiert, dass bei diesen die erreichbare Steigerung der Erwartbarkeit geringer ausfällt, was tendenziell mit einer reduzierten Hypothesenwahrscheinlichkeit einhergeht. Die Einflüsse von Anfangswahrscheinlichkeit und Erwartbarkeit sind also gegenläufig, wodurch zumindest die Bevorzugung diffuser Annahmen aufgehoben wird.

Die Auszeichnung von einheitlichen Erklärungen, von Erklärungen ansonsten rätselhafter Phänomene und von spezifischen, wenig Anpassungsspielraum belassenden Erklärungen erfolgt demnach jeweils durch den gleichen bestätigungstheoretischen Mechanismus, nämlich durch die dadurch erreichbare Steigerung der Erwartbarkeit der Phänomene und die zugehörige Erhöhung der Hypothesenwahrscheinlichkeit.

Der Einfluss des Hintergrundwissens

Das Beispiel der Kontinentalverschiebung lässt auch den Bayesianischen Einfluss des Hintergrundwissens auf die Beurteilung einer Hypothese erkennen. Dieser Einfluss wird durch die Anfangswahrscheinlichkeit erfasst. In der subjektiven Deutung drückt die Anfangswahrscheinlichkeit die Plausibilität einer Hypothese vor Gewinnung der Daten und im Licht des jeweiligen wissenschaftlichen Kenntnisstands aus.

Die Wirksamkeit dieses Faktors zeigt sich bei der Betrachtung der Gründe für die anfängliche Zurückweisung von Wegeners Hypothese. Das geophysikalische Wissen der Zeit schloss eine Wanderung der Kontinente aus. Es waren keine treibenden Kräfte bekannt und wenn solche hätten angenommen werden können, hätten sie bloß die weichen Kontinente an der harten Unterlage zerbröseln lassen. Unter solchen Bedingungen verschwindender Anfangswahrscheinlichkeit ist eine Hypothese nicht überzeugend zu stützen, und diese Einschätzung wird durch das entsprechende Urteil der zuständigen wissenschaftlichen Gemeinschaft bestätigt.

Die weitere Karriere der Hypothese der Kontinentalverschiebung macht deutlich, dass die Anfangswahrscheinlichkeit vom jeweiligen Hintergrundwissen abhängt und sich mit diesem ändern kann. Durch die Einführung der Annahme von Konvektionsströmungen im Erdmantel in das Hintergrundwissen stieg die Anfangswahrscheinlichkeit der Verschiebungshypothese drastisch an, und in der Folge wuchs auch die Bestätigung der Hypothese beträchtlich.

4.3.4 Die Tragweite des Bayesianismus in der Bestätigungstheorie

Der Bayesianismus reklamiert eine Mehrzahl von Verdiensten für sich, darunter eine Lösung von Duhems Problem der Lokalisierung des Grundes für das Auftreten einer Anomalie (vgl. Kap. 2.4.2). Die Grundlage dieses Anspruchs besteht in der Behandlung des Problems durch Jon Dorling (1979), die zum Vorbild aller Bayesianischen Ansätze geworden ist. Nach Dorling lassen sich die Auswirkungen empirischer Fehlschläge stärker als im hypothetisch-deduktiven Modell eingrenzen. Gezeigt wird, dass in Abhängigkeit von den unterstellten Anfangswahrscheinlichkeiten und Erwartbarkeiten eine gegebene Anomalie für die verschiedenen beteiligten Hypothesen unterschiedlich relevant sein kann. Diese Anomalie senkt die Hypothesenwahrscheinlichkeiten der einschlägigen Annahmen ungleich ab, so dass sich eine spezifische Wirkung der Daten auf Hypothesen ergibt. Daher ist eine Abschätzung der Tragweite widriger Daten für einzelne Hypothesen möglich, und dies gilt als Lösung von Duhems Problem (Howson/Urbach 1989, 96-102).

Dieser Anspruch ist allerdings auf Kritik gestoßen. Die Gegenthese lautet, dass lediglich Folgendes gezeigt wurde: Wird in einem Beispielfall eine Anomalie als Erschütterung einer besonderen Hypothese aus der Klasse der beteiligten Annahmen aufgefasst, dann lassen sich Wahrscheinlichkeitswerte angeben, die dieses Urteil stützen. Aber jede solche Abschätzung der Tragweite der Anomalie hängt entscheidend von diesen vorgegebenen Wahrscheinlichkeiten ab (Mayo 1997, 225). Insbesondere bleiben dabei so erhebliche Spielräume, dass auch gegensätzliche Urteile bayesianisch zu rechtfertigen sind. Zwar werden diese Spielräume durch die Selbstverpflichtung auf historische realistische Urteile eingeschränkt, aber bei subjektiv gedeuteten Wahrscheinlichkeiten behalten die persönlichen Meinungen einzelner Wissenschaftler ihr Gewicht (vgl. Kap. 4.3.1).

Diese Unsicherheiten oder Mehrdeutigkeiten lassen sich am Beispiel der Kontinentalverschiebung illustrieren. Der zentrale Grund für die Zurückweisung von Wegeners Hypothese durch die wissenschaftliche Gemeinschaft war, dass das verfügbare Hintergrundwissen keinen Mechanismus erkennen ließ, der die Wanderung der Kontinente hervorbringen könnte. Die Anfangswahrscheinlichkeit der Verschiebungshypothese ist daher sehr klein, und deshalb vermögen Wegeners Befunde die Hypothesenwahrscheinlichkeit nicht auf ein akzeptables Niveau zu heben (vgl. Kap. 4.3.3). Angenommen, die wissenschaftliche Gemeinschaft hielt den Ausschluss eines solchen Transportmechanismus durch das Hintergrundwissen für sehr verlässlich, billigte der Verschiebungshypothese dagegen nur eine niedrige Anfangswahrscheinlichkeit zu; aus Bayes' Theorem ergibt sich dann, dass deren Hypothesenwahrscheinlichkeit im Lichte dieses Problems auf sehr kleine Werte absinkt und dass die Kontinentalverschiebung daher zu Recht als unakzeptabel eingestuft wird (vgl. Howson/Urbach 1989, 96-102).

Mit der gleichen Berechtigung lässt sich Wegener hingegen eine entgegengesetzte Argumentation zuschreiben. Er wird seine Hypothese für sehr überzeugend und das Fehlen eines geeigneten Transportmechanismus im Hintergrundwissen für eine Lücke dieses Hintergrundwissens gehalten haben. Dieser Ausschluss eines Mechanismus ist anfangs wenig verlässlich und wird, wie entsprechende Abschätzungen mit Bayes' Theorem zeigen, durch die Probleme mit der Verschiebungshypothese in seiner Glaubwürdigkeit weiter reduziert. Die Belege für die Wanderung der Kontinente widerlegen daher die Annahme, es gebe keinen geeigneten Transportmechanismus. Es muss einen solchen geben, und dessen fehlende Spezifizierung ist dem unzulänglichen geophysikalischen Wissen der Zeit anzulasten (vgl. Worrall 1993).

Im Einklang mit Bayesianischen Vorgaben lassen sich also unterschiedliche Hypothesen als Grund eines theoretischen Fehlschlags identifizieren – wodurch Duhems Problem lediglich rekonstruiert und nicht etwa gelöst wird. Tatsächlich leistet Bayes' Theorem gar keinen nennenswerten Beitrag zu diesem ohnedies bescheidenen Resultat. Ausgegangen wird von zwei alternativen Optionen der Irrtumslokalisierung, nämlich der Falschheit der Hypothese oder einer Annahme aus dem Hintergrundwissen. Abgeleitet wird dann, dass wahrscheinlich diejenige Hypothese irrtümlich ist, die eine geringere subjektive Glaubwürdigkeit genießt. Das ist aber von vornherein nahe liegend und kann schwerlich als besondere Erkenntnisleistung des Bayesianismus gelten.

Aber selbst wenn man dieses Resultat für signifikant hält, läuft es eher auf eine Bekräftigung von Duhems Problem hinaus. Duhem hatte nämlich lediglich ausgeschlossen, den theoretischen Grund einer Anomalie durch Logik und Erfahrung eindeutig zu ermitteln, aber durchaus die Möglichkeit vorgesehen, diesen Grund durch Abschätzung der pragmatischen Vorzüge einzelner Hypothesen einzugrenzen. Die fehlerhafte Hypothese wird nach Maßgabe des »Vertrauens« identifiziert, das man den beteiligten Annahmen entgegenbringt, und dieses wird durch den »gesunden Menschenverstand« näher bestimmt (vgl. Kap. 2.4.2). Diese Behauptung wird aber durch die Bayesianische Behandlung gerade unterstrichen: Duhems »Vertrauen« drückt sich nun als Glaubwürdigkeit aus, als Wahrscheinlichkeit. Und damit scheint wenig gewonnen.

Diese Betrachtung des Bayesianismus war mit der Aussicht motiviert worden, dass systematische Bestätigungstheorien zu einer Auflösung der Kuhn-Unterbestimmtheit beitragen können. Die Erwartung war, dass solche systematischen Ansätze stärker einheitliche und eindeutige Beurteilungsmaßstäbe spezifizieren. Der Bayesianismus geht von Bayes' Theorem aus, differenziert dieses aber zu einer Reihe von Kriterien für die Einschätzung von Hypothesen aus. Die Anfangswahrscheinlichkeit der Hypothese und die Erwartbarkeit der Daten sind die wichtigsten Einflussgrößen. Dadurch entsteht die Möglichkeit eines Konflikts zwischen den unterschiedlichen Auszeichnungsmerkmalen einer Hypothese. Es könnte ohne weiteres der Fall eintreten, dass eine Hypothese eine höhere Anfangswahrscheinlichkeit besitzt, dass eine Alternative aber die relevanten Daten präziser eingrenzt. Allerdings umreißt Bayes' Theorem ein mathematisches Verfahren, das es im Grundsatz erlaubt, die verschiedenen beteiligten Exzellenzmerkmale gegeneinander abzuwägen. Es lassen sich also Gründe dafür geltend machen, dass das Problem der Gewichtung von Beurteilungsmaßstäben, das eines der beiden Gründe für Kuhn-Unterbestimmtheit bildet, im Bayesianismus einer Lösung zugeführt werden kann.

Kuhns zweiter Herausforderung, nämlich der Präzisierung solcher Beurteilungsmaßstäbe, ist bayesianisch hingegen schwerer zu begegnen. Jede Bayesianische Rekonstruktion der Beurteilung einer konkreten wissenschaftlichen Hypothese benötigt eine Abschätzung der beteiligten Wahrscheinlichkeitswerte, und das Beispiel der Kontinentalverschiebung hat gezeigt, dass sich innerhalb der Grenzen historischer Plausibilität verschiedene Wahrscheinlichkeitswerte wählen lassen, die zu gegensätzlichen Hypothesenwahrscheinlichkeiten führen. Konträre Urteile können bayesianisch gerechtfertigt werden. Es ist somit die mangelnde Präzision der Urteile über die Bestätigung von Hypothesen, die für den Bayesianismus das Problem darstellt und die auch in seinem Rahmen eine überzeugende Auflösung von

Kuhn-Unterbestimmtheit vereitelt. Nach der ursprünglichen Vermutung stammten die Beschränkungen des methodologischen Urteils aus der unsystematischen und scheinbar zufälligen Zusammensetzung der Kriterienlisten bei Kuhn und anderen. Die Untersuchung des Bayesianismus macht hingegen deutlich, dass in seinem Rahmen Unsicherheiten und Spielräume gleicher Art zutage treten wie diejenigen, unter denen die Listenmodelle litten.

Zwar spricht also konzeptionell für den Bayesianismus, dass sich die Glaubwürdigkeit von Hypothesen nicht nach einer Kollektion von verschiedenartigen, untereinander beziehungslosen und möglicherweise inkohärenten Kriterien bemisst. Aber dieser Vorzug setzt sich nicht in gleichsam empirische Leistungen bei der Rekonstruktion konkreter Urteile über spezifische Hypothesen um. Solche Rekonstruktionen leiden unter einer Beliebigkeit, die sie als Erklärungen von Theoriewahlentscheidungen wertlos macht. Kuhn-Unterbestimmtheit lässt sich durch bloße Systematisierung der Beurteilungsmaßstäbe nicht überwinden.

Die Stärke des Bayesianismus liegt an anderer Stelle, nämlich bei der Entwicklung von Beurteilungsregeln und -maximen aus einem einheitlichen konzeptionellen Rahmen. Der Bezug auf Bayes' Theorem hebt die Erwartbarkeit und die Anfangswahrscheinlichkeit als die beiden charakteristischen Faktoren für die Beurteilung von Hypothesen hervor und ermöglicht die Herleitung von Regeln des Inhalts, dass Einheitlichkeit und Spezifität von Erklärungen sowie die Erklärung rätselhafter Phänomene besonders stützend wirken. Der Vorzug systematischer Bestätigungstheorien liegt entsprechend in der geordneten Entwicklung von Exzellenzmerkmalen von Hypothesen oder Theorien. Sie identifizieren solche Merkmale aus einer einheitlichen Perspektive und knüpfen Verbindungen zwischen ihnen. Dadurch werden zugleich die Gründe dafür deutlich, dass gerade diese und nicht andere Auszeichnungsmerkmale die Beurteilung leiten. Übergreifenden methodologischen Theorien gelingt daher zwar nicht die Beseitigung der Kuhn-Unterbestimmtheit, sie vermögen aber den Spielraum klarer zu umreißen, innerhalb dessen Theoriewahlentscheidungen gerechtfertigterweise getroffen werden.

5. Wissenschaftlicher Wandel – Wissenschaft im Wandel

Wie sich am Beispiel der Hypothese der Kontinentalverschiebung gezeigt hat, ist die Wissenschaft durch den beständigen Wandel ihres Lehrgebäudes charakterisiert. Das System des Wissens nimmt fortwährend neue Erkenntnisse auf und scheidet alte Irrtümer aus – jedenfalls wenn es gut geht. Dieser Wandel erfasst neben den Erkenntnisinhalten auch die Erkenntnisziele und die eingesetzten Methoden. Dieses Kapitel skizziert die Geburt der neuzeitlichen Wissenschaft und stellt insbesondere die zugehörigen methodologischen Neuerungen vor. Es erläutert Modelle des Theorienwandels in der Wissenschaft und erörtert insbesondere deren berühmtesten Vertreter, nämlich die Kuhnsche Paradigmentheorie. Schließlich werden die Bedingungen und Zwänge dargestellt, denen Wissenschaft heute unterworfen ist. Dabei tritt in den Vordergrund, dass Wissenschaft vielfach unter dem Druck kurzfristiger Nützlichkeit operiert.

5.1 Methodologische Prägungen in der Wissenschaftlichen Revolution

Die Entstehung der neuzeitlichen Wissenschaft wird mit einem erst Mitte des 20. Jahrhunderts geprägten Begriff als »Wissenschaftliche Revolution« bezeichnet. Damit ist die wissenschaftshistorische Periode zwischen Nikolaus Kopernikus und Isaac Newton gemeint, die inhaltlich durch die Erkenntnis der heliozentrischen Struktur des Planetensystems, die Identifikation der Gravitation als zugrunde liegende Kraft sowie die Entdeckung der Bewegungsgesetze der Körper gekennzeichnet ist. Die Wissenschaftliche Revolution ist mit der Einführung von Strategien der Erkenntnisgewinnung verbunden, die in ihrer Gesamtheit einen erkenntnistheoretischen Umbruch bedeuten, der die Wissenschaft zum Teil bis heute charakterisiert. Drei der wichtigsten dieser Strategien sind die Suche nach Naturgesetzen, die Einführung der Mathematik in die Naturerkenntnis und die Anerkennung des Experiments als Erkenntnismittel.

5.1.1 Die Suche nach Naturgesetzen

Auch die antike und mittelalterliche Wissenschaft suchte nach Verallgemeinerungen, aber erst im Vorfeld der Wissenschaftlichen Revolution wurde diese Suche durch den Begriff des Naturgesetzes geleitet. Dieser bildete sich, als die katholische Kirche gegen Ende des 13. Jahrhunderts die Vorstellung von Gott als unbeschränkt waltendem Weltenherrn in den Mittelpunkt rückte. Dieser kirchenamtliche Akzent auf der divinen Omnipotenz setzte sich in die Idee des göttlichen Gesetzgebers um, der den Naturlauf ordnet und reguliert. Theologisch-naturphilosophische Ansätze dieser Art werden Anfang des 16. Jahrhunderts aufgenommen und ausgearbeitet. Gott ordnet danach die Natur durch seine Gesetze. Durch ihre Bindung an göttliche Gebote wurden den Naturgesetzen zwei Merkmale zugeschrieben, die für die Ausstrahlungskraft des Begriffs wesentlich wurden, nämlich Invarianz und Universalität. Gottes Wille ist notwendig unveränderlich und gilt ausnahmslos. Damit rücken Naturgesetze in eine für die Naturerkenntnis zentrale Position: Sie bezeichnen immerwährende und uneingeschränkt gültige Prinzipien (Schütte 2008, 125-130).

Indem die Wissenschaft nach Naturgesetzen suchte, zielte sie zugleich auf die Entschleierung der Gedanken Gottes bei der Erschaffung der Welt. Die Folge dieser theologisch-normativen Deutung der Naturgesetze war eine realistische Ausrichtung des wissenschaftlichen Forschens. Die Wissenschaft strebt nach Wirklichkeitserkenntnis. Das war um 1500 alles andere als selbstverständlich. Vielmehr war eine nicht-realistische Deutung der fortgeschrittensten Theorie der Zeit, nämlich der ptolemäischen Astronomie verbreitet, weil diese Theorie inhaltliche Spannungen zur aristotelischen Naturphilosophie aufwies. Nach dieser sollte nämlich die Erde im Mittelpunkt sämtlicher Bewegungen der Himmelskörper stehen, nach jener führten die Himmelskörper (oder die sie tragenden Kugelschalen) unter Umständen exzentrische oder epizyklische Bewegungen aus, die den aristotelischen Vorgaben nicht genügten. Diese Diskrepanz zwischen Astronomie und Naturphilosophie ging zu Lasten der Astronomie, da die Astronomie gar keinen eindeutigen Aufschluss über die Umlaufbewegungen zu geben vermochte, sondern unter Umständen epizyklische und exzentrische Bewegungen als gleichwertig hinnehmen musste (vgl. Kap. 2.4.1). Die Astronomie scheitert bei der Erschließung der Ursachen der astronomischen Phänomene (Carrier 2001, 51-54; Carrier 2004b, 61).

Die neue, am Gesetzesbegriff ausgerichtete naturphilosophische Orientierung vermochte gegen diese inhaltliche Spannung und das scheinbare Erklärungsdefizit der Astronomie zunächst nichts auszurichten und verschob daher vorübergehend den Akzent von der Ursachenerschließung auf die quantitative Erfassung der Phänomene. Naturgesetze galten danach zunächst als nicht-kausale, mathematische Regularitäten. Der Wirklichkeitsanspruch der Astronomie stützte sich auf die erfolgreiche quantitative Bestimmung der Bewegungen der Kugelschalen, die die Planeten mit sich führten (Schütte 2008, 135).

Insgesamt richtete sich die neue Wissenschaft also auf das Ziel der Erkenntnis von Naturgesetzen. Dadurch rückten universelle, also ausnahmslos gültige, und quantitative, also mathematisch formulierte Beziehungen in den Mittelpunkt, denen überdies in realistischer Interpretation eine Schlüsselstellung in der Naturordnung zukommen sollte und die nicht bloß der Darstellung und Vorhersage der Phänomene dienen sollten.

5.1.2 Mathematik und Erfahrung als Quelle der Naturbeschreibung

Die Einführung des Begriffs des Naturgesetzes war mit dem Ziel einer mathematischen Naturbeschreibung verbunden (vgl. Kap. 5.1.1). Diese Ausrichtung der Wissenschaftlichen Revolution auf die Mathematik als Mittel der Naturbeschreibung wandte sich gegen die vorherrschende aristotelische Natursicht und brachte gegen diese eine Orientierung am Platonismus zum Tragen.

Aristoteles hatte die Bedeutung der Erfahrung für die Naturerkenntnis in den Vordergrund gerückt und der Mathematik nur eine beschränkte Tragweite zuerkannt. Mathematische Beziehungen geben aus sich heraus keinen Aufschluss über Naturprozesse, weil Naturerkenntnis neben der mathematischen Form auch den gegenständlichen Inhalt in Betracht ziehen muss. Körper besitzen nicht nur eine geometrisch zugängliche Begrenzungsfläche, sondern sind von stofflicher Zusammensetzung, und diese übersteigt den Kompetenzbereich der Mathematik. In der aristotelischen Tradition galt die Mathematik daher als für die Naturforschung nur beschränkt brauchbar.

Anders im Platonismus. Im *Timaios* hatte Platon eine Lehre vom Aufbau der Stoffe entwickelt, die die Materie letztlich auf mathematische Formen zurückführte. Platon griff die vier Elemente des Empedokles auf, die später auch von Aristoteles angenommen wurden, nämlich Erde, Wasser, Feuer und Luft, und ordnete diesen die fünf regelmäßigen Polyeder zu, die heute so genannten platonischen Körper. So sollte etwa der Tetraeder, der Vielflächner mit den schärfsten Ecken, dem Feuer entsprechen, dem durchdringendsten der Elemente, der stabile Würfel der Erde, dem festen Element. Der zunächst überflüssig scheinende fünfte Polyeder, der Dodekaeder oder Zwölfflächner, war für den Bau des Alls vorgesehen, vermutlich wegen seiner der Kugelform nahe kommenden Gestalt. Im zweiten Schritt machte sich Platon den Umstand zunutze, dass sich die Flächen der regelmäßigen Polyeder jeweils in zwei Arten von Dreiecken zerlegen lassen. Entsprechend sollen die Elemente letztlich aus Dreiecken gebildet sein. Insgesamt sah Platons Materietheorie damit eine zweistufige Zusammensetzung der Stoffe aus mathematischen Strukturen vor. Die Materie besteht ihrer wahren, den Sinnen unzugänglichen Beschaffenheit nach aus geometrischen Figuren.

Diese Ansicht von der mathematischen Struktur der Wirklichkeit sticht bei mehreren Pionieren der Wissenschaftlichen Revolution prominent hervor. Galilei legt ein Bekenntnis dazu ab, das Buch der Natur sei in mathematischer Sprache verfasst, seine Buchstaben seien geometrische Figuren (Galilei, zit. in: Brophy 1962, 31), und greift die aristotelische Beschränkung der Rolle der Mathematik in der Naturwissenschaft frontal an. Der angebliche Gegensatz zwischen Tatsachenbefund und mathematischer Beschreibung existiert in Wirklichkeit nicht (Galilei 1632, 215-220).

Bei Johannes Kepler kommt die gleiche Idee einer mathematisch strukturierten Natur zum Ausdruck. In seinem *Weltgeheimnis* von 1596 glaubte er eine Erklärung für die Ausdehnung der Planetenbahnen und die Anzahl der Planeten gefunden zu haben. In dieser Erklärung spielen ebenfalls die fünf platonischen Körper eine herausragende Rolle. In jeden Polyeder und um diesen herum lässt sich jeweils eine Kugelschale anpassen. Zudem kann man diese Polyeder so ineinander fügen, dass die Ecken des inneren (mit der anliegenden Kugelschale) die Flächen des äußeren berühren. Es entsteht eine Abfolge von Kugelschalen und Polyedern, bei denen jeweils die umbeschriebene und die einbeschriebene Schale in einem festen Größenverhältnis zueinander stehen. Die um- bzw. einbeschriebenen Kugelschalen zeigen jeweils die Lage der Planetenbahnen an; zwischen ihnen erstrecken sich die zugehörigen Polyeder.

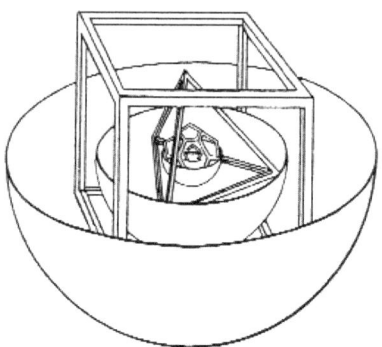

Keplers Einpassung von Polyedern in Kugelschalen

Das System der Polyeder stellt für Kepler den vernünftigen Grund sowohl für die Anzahl der Planeten als auch für deren

Abstände von der Sonne dar. Weil es fünf reguläre Polyeder gibt, muss es sechs Planeten geben. In der Struktur des Weltenbaus spiegelt sich der Schöpfungsplan des Geometrie treibenden Weltenherrn.

Damit greifen zwar wichtige Repräsentanten der Wissenschaftlichen Revolution auf Platon als Kronzeugen für die Wichtigkeit der Mathematik in der Naturerkenntnis zurück, sie verbinden damit aber keineswegs Platons Apriorismus. Platon hatte die Sinneserfahrungen insgesamt als trügerisch und irreführend eingestuft und allein der Vernunft die Kraft zur Erschließung der Wirklichkeit hinter den Erscheinungen zugetraut. In der Wissenschaftlichen Revolution setzt man dagegen – mit Aristoteles und gegen Platon – auf Nachprüfung durch Erfahrung. Auch bei Galilei und Kepler bleiben die Erfahrungen eine zentrale Instanz zur Beurteilung wissenschaftlicher Behauptungen. Die Protagonisten der Wissenschaftlichen Revolution verknüpfen die aristotelische Verpflichtung auf die Erfahrung mit der platonischen Wertschätzung der Erkenntniskraft der mathematischen Vernunft.

5.1.3 Das Experiment als Mittel der Naturerkenntnis

Die experimentelle Orientierung gilt als eine zentrale methodische Errungenschaft der Wissenschaftlichen Revolution. Danach stellt der Eingriff in Objekte und Prozesse ein adäquates Mittel zur Erkenntnis ihrer Beschaffenheit dar (vgl. Kap. 2.1.1). Der Einsatz des Experiments als Mittel der Naturerkenntnis setzte eine wichtige begriffliche Reform voraus, nämlich die Aufgabe der aristotelischen Trennung zwischen Naturwissenschaft und Technik, zwischen *natura* und *ars*. Aristoteles und noch stärker der mittelalterliche Aristotelismus hielten Natürliches und Künstliches für kategorial verschieden. Natürliche

Prozesse entfalten sich von selbst, künstliche Gegenstände werden nur von außen bewegt. Lebewesen und Naturkörper stimmen darin überein, dass sie bestimmte Bewegungen im Einklang mit ihrer Natur ausführen. Zum Beispiel streben schwere Körper naturgemäß zum Mittelpunkt des Universums, Himmelskörper laufen naturgemäß kreisförmig um diesen Mittelpunkt. Artefakte hingegen bewegen sich nicht aus eigenem Antrieb.

Die Naturwissenschaft befasst sich mit naturgemäßen Abläufen, in denen das Wesen der betreffenden Körper zum Ausdruck kommt. Wird ein Gegenstand äußeren Zwangsbedingungen unterworfen, so werden seine Eigenschaften verfälscht und verzerrt. Mit naturwidrigen Mitteln lässt sich kein Aufschluss über die naturgemäßen Eigenschaften und Veränderungen erhalten. In diesem Begriffsrahmen ist die Erforschung der Natur mittels künstlicher Eingriffe ausgeschlossen; Naturwissenschaft und Technik stehen unverbunden nebeneinander. Die Mechanik, die Kunst der Herstellung von Geräten, ist kein Teil der Physik, der Theorie der Naturprozesse. Im Gegenteil, die Technik zielt gerade darauf ab, dem Naturlauf entgegengerichtete Wirkungen zu erzeugen. Pumpen heben Wasser auf ein höheres Niveau, während es von Natur aus stets zu Tale fließt. Flaschenzüge vermindern das Gewicht der Körper, wirken also der natürlichen Gewichtskraft entgegen.

Das Experiment beinhaltet einen technischen Eingriff, führt daher künstlich verformte Bedingungen ein und verstellt folglich den Zugang zum Naturlauf. Die Akzeptanz des Experiments als Mittel der Naturerkenntnis setzt eine neue Auffassung von technischen Prozessen als Naturprozessen voraus, die um 1600 von Galilei, Descartes und Bacon entwickelt wurde. Nach der neuen Vorstellung richtet sich die Wirkungsweise mechanischer Maschinen nicht gegen die Natur, sondern steht mit dieser im Einklang. Die Natur wird durch die Apparate keineswegs zu widernatürlichem Treiben gezwungen; vielmehr beruhen technische Geräte auf der Naturkausalität. Man besiegt die Natur, indem man ihren Gesetzen gehorcht (Bacon 1620, I. § 3). Durch diese Einbindung der Technik in den Naturlauf brach sich die Einsicht Bahn, dass eine natürliche Kausalbeziehung als Grundlage für die Erzeugung technischer Wirkungen dienen kann. Der Umkehrschluss zur Erkenntniskraft des Experiments lautet, dass die Erzeugung von Wirkungen Aufschluss über natürliche Kausalbeziehungen geben kann. Die natürlichen Wirkungen technischer Werkzeuge vermögen den Naturlauf zu entschlüsseln.

5.2 Der Theorienwandel in der Wissenschaftsgeschichte

5.2.1 Die Akkumulationstheorie der Wissenschaftsgeschichte

Die Formulierung neuer Methoden der Erkenntnisgewinnung ging mit einem zuvor unbekannten Erkenntnisoptimismus und mit der Vorstellung eines Neuanfangs in der Erkenntnisgewinnung zusammen. Bacon sieht die menschliche Erkenntniskraft auf völlig neuen Wegen, die die Alten weder gekannt noch gesucht hätten. In der Folge dieser methodologischen Umorientierung wird Bacon zufolge das alte Lehrgebäude durch ein ganz neues ersetzt, das nunmehr auf festem Grund steht und mit bruchfestem Stein errichtet wird (Bacon 1620, I. § 31). Und tatsächlich wurden diese Erwartungen Bacons und anderer durchaus erfüllt. Die Wissenschaftliche Revolution trat ihren Siegeszug an und brachte ein grundlegend gewandeltes, nunmehr wissenschaftsgestütztes Bild vom Kosmos und der Stellung des Menschen mit sich.

Vor dem Hintergrund dieses Erkenntnisoptimismus versteht es sich beinahe von selbst, dass die Protagonisten der Wissenschaftlichen Revolution an den herkömmlichen hohen Ansprüchen an die Erkenntnis festhielten. In der aristotelischen Tradition war Erkenntnis durch die Verknüpfung von Wahrheit und Gewissheit charakterisiert. Aristoteles hatte Erkenntnis an das Wissen um die Ursachen mit Notwendigkeit gebunden: Man weiß, was die Gründe sind, und man weiß, dass es keine anderen sein können (Aristoteles, Anal. Post. I.2 (71b), 3). Galilei oder Newton wollten sich in dieser Tradition nicht mit provisorischen Grundsätzen zufrieden geben. Galilei versuchte, durch Gedankenexperimente aufzuweisen, von welcher Art die Sachverhalte notwendig sein müssen, nicht allein, wie sie faktisch sind; Newton entwickelte die Vorstellung des Erfahrungsbeweises, der zufolge die Ursachen von Bewegungen ohne hypothetische Annahmen erschlossen werden können. Dabei stützte er sich darauf, dass die Newtonsche Bewegungsgleichung den eindeutigen Rückschluss von den Bewegungen, den Beschleunigungen, auf deren Ursachen, die wirkenden Kräfte, erlaubt (McMullin 2001, 296 f.). Die alten Ideale des Beweises und der Gewissheit erhielten auf diese Weise durch die Wissenschaftliche Revolution neue Unterstützung.

Im Lichte eines solchen Erkenntnisoptimismus erscheint der Gang der Wissenschaft als unablässiges Anhäufen von Entdeckungen und Wahrheiten. Mit einem modernen Terminus wird diese Sichtweise als *Akkumulationstheorie der Wissenschaftsgeschichte* bezeichnet. Kennzeichnend für sie ist insbesondere die Ansicht, dass es die Wissenschaft zu definitiven epistemischen Errungenschaften bringt. Niemals also müssen wissenschaftlich anerkannte Einsichten wieder zurückgenommen und aus dem System des Wissens entfernt werden. Zwar mag der Geltungsbereich eines Naturgesetzes oder einer Theorie durch zusätzliche Erfahrungen eingeschränkt werden müssen. Aber in diesem stärker begrenzten Bereich bleiben die Erkenntnisse gültig. Wissenschaftlicher Fortschritt besteht im anhaltenden Aufschichten verlässlicher geistiger Besitztümer.

Allerdings ließ der Theorienwandel im Verlauf der Jahrhunderte gelegentlich Züge zutage treten, die nicht gut zu dieser akkumulativen Sicht passten. Insbesondere traten unter Umständen Umbrüche im System des Wissens auf, die mit theoretischen Rücknahmen verbunden waren. So beinhaltete die Chemische Revolution die Ersetzung der von Stahl konzipierten Phlogistontheorie durch Lavoisiers Sauerstofftheorie (vgl. Kap. 2.3.2). Dadurch wurde eine alte Tradition chemischen Denkens aufgegeben, die Stoffeigenschaften und deren Veränderungen in chemischen Reaktionen durch den Austausch von abstrakten Eigenschaftsträgern, den so genannten Prinzipien, zu erklären suchte (vgl. Kap. 4.2). An ihre Stelle traten Ansätze, die der heutigen Vorstellungswelt der Chemie nicht fern sind. Insbesondere wird der Gegensatz von Prinzip und Verbindung durch den Gegensatz von Element und Verbindung ersetzt. Die Grundstoffe sind also nunmehr im Labor isolierbar; die abstrakten Eigenschaftsträger sind verschwunden.

Ein zweites Beispiel dieser Art ist der Übergang von der Korpuskulartheorie des Lichts zur Wellenoptik um 1840. Newton hatte die Vorstellung von Licht als einem Teilchenstrom ausgearbeitet und zu einer Reihe konkreter Erklärungen optischer Erscheinungen verdichtet. Diese Teilchentheorie geriet zu Beginn des 19. Jahrhunderts durch Experimente zur Interferenz unter Druck. Dass Licht und Licht zusammen Dunkelheit ergibt, war in einem teilchentheoretischen Rahmen nur schwer plausibel zu machen. Nachdem Augustin Fresnel in den 1820er Jahren die Vorstellung von Lichtwellen zu einer aussagekräftigen physikalischen Theorie konkretisiert hatte, schwenkte die wissenschaftliche Gemeinschaft auf den neuen Ansatz um. Licht wurde als mechanische Schwingung des Lichtäthers aufgefasst.

Von besonderer Dramatik schließlich waren die Umbrüche in der physikalischen Theoriebildung im ersten Drittel des 20. Jahrhunderts. Um 1900 herrschte die Vorstellung vor, die Physik sei ihrer Vollendung nahe. Die grundlegenden Naturgesetze seien entdeckt und nur wenige Lücken noch zu schließen. In diese Erwartung des bevorstehenden Abschlusses der physikalischen Grundlagenforschung brach im Jahre 1905 Albert Einstein mit zwei neuartigen Ansätzen zu scheinbar randständigen Problemen, den elektrodynamischen Eigenschaften bewegter Körper und dem Photoeffekt. Den ersten Ansatz bildete die später so genannte spezielle Relativitätstheorie, den zweiten die Konzeption von Photonen oder Lichtquanten. Und dabei blieb es nicht. Es folgte die Allgemeine Relativitätstheorie, die neuartige Vorstellungen von der Gravitation als Teil des Raum-Zeit-Gefüges enthielt, sowie der langwierige Weg zur Quantenmechanik, der 1927 mit der Schrödinger-Gleichung einen ersten Abschluss fand. Im Zuge dieses tief greifenden Umbruchs wurde die zuvor für unzweifelhaft verlässlich gehaltene klassische Physik, die Newtonsche Mechanik und die Maxwellsche Elektrodynamik, zum Teil revidiert, zum Teil eingegrenzt, zum Teil aufgegeben.

Unter diesem Eindruck bestimmte Popper die wissenschaftliche Methode auf eine Weise, die erstens mit dem hergebrachten Gewissheitsideal brach und die zweitens die Zurückweisung von Theorien, nicht das Sammeln stützender Belege, ins Zentrum der wissenschaftlichen Aktivität rückte. Erstens hatte für Popper der Umbruch des scheinbar endgültigen Systems der Physik deutlich gemacht, dass die Wissenschaft stets nur Vermutungswissen bereitzustellen vermag. Die Wahrheitssuche verlangt die anhaltende Bereitschaft zu tief greifender Revision des Kanons akzeptierter Überzeugungen; epistemische Schutzbriefe können nicht ausgestellt werden. In der aristotelischen Tradition wurde Wissenschaft zugleich auf Wahrheit und Gewissheit verpflichtet: Wissenschaftler suchen Wahrheiten und wissen am Ende, dass sie Wahrheiten gefunden haben. Bei Popper fallen Wahrheits- und Gewissheitsstreben dagegen auseinander. Wer nach Wahrheit strebt, muss die Gewissheit preisgeben; wer Sicherheit sucht, lehnt die Anpassung seines Überzeugungssystems an neue Sachumstände ab und verfehlt daher die Wahrheit (Albert 1968, 30, 34).

Zweitens konzentriert sich Poppers Methodologie auf die empirisch begründete Zurückweisung von Theorien, auf ihre »Falsifikation« durch den Aufweis von Gegenbeispielen. Dass Theorien auf Widerspruch aus der Erfahrung stoßen können, adelt sie bei Popper zu wissenschaftlichen Theorien. Dabei ist sich Popper durchaus bewusst, dass man, wie von Duhem hervorgehoben, Theorien durch allerlei Ausflüchte oder »Immunisierungsstrategien« an widrige Erfahrungsbefunde anpassen kann. Durch Ad-hoc-Hypothesen oder Bedeutungsverschiebungen der betreffenden Begriffe ist es stets möglich, der Falsifikation zu entgehen (Popper 1935, 15 f., 45–49). Die wissenschaftliche Methode ist aber gerade dadurch gekennzeichnet, dass die Falsifikation eben nicht stets und nicht um jeden Preis vermieden wird. Der wissenschaftliche Fortschritt beinhaltet nämlich, wie die wissenschaftshistorische Erfahrung vor Augen führt, die Aufgabe vormals einhellig akzeptierter Theorien aufgrund widerstreitender Beobachtungen (Popper 1935, 22, 49). Die Phlogistontheorie, die Teilchenoptik, die ganze klassische Physik sind durch Erfahrung beiseite gestellt worden. Solche theoretischen Rücknahmen passen offenbar nicht zu der Vorstellung, die zentralen Annahmen von Theorien würden durch Immunisierungsstrategien vor der Widerlegung bewahrt; im Licht dieser Vorstellung würde der wissenschaftliche Fortschritt unverständlich. Stattdessen entsteht solcher Fortschritt oft genug aus der Bereitschaft, gravierende Schwierigkeiten einer Theorie als Widerlegungen dieser Theorie gelten zu lassen (obwohl es immer noch Ausflüchte gäbe). Durch solche Entschlüsse wird Falsifizierbarkeit hergestellt (Popper 1935, 26).

Durch Poppers markanten Akzent auf die Aufdeckung von Gegenbeispielen und die Widerlegung von Theorien werden theoretische Rücknahmen gleichsam Teil des üblichen Geschäftsgangs der Wissenschaft. Popper gibt insbesondere die Vorstellung auf, die weiter fortgeschrittenen Theorien schlössen sich inhaltlich an ihre Vorgänger an. Er betont, dass zwischen Vorgänger- und Nachfolgertheorie ein inhaltlicher Gegensatz besteht. Der Nachfolger schließt gerade die Widerlegungen des Vorgängers ein und muss aus diesem Grund im Widerspruch mit diesem stehen. Theorienwandel stellt sich als Abfolge inkompatibler Theorien dar. Während Popper dadurch einen Aspekt der Akkumulationstheorie zurückweist, formuliert er zugleich sein »Korrespondenzprinzip« der Theoriendynamik, dem zufolge die spätere Theorie die frühere bei geeigneter Einschränkung der Situationsumstände in Annäherung enthält (Popper 1984, 209-211). Letztlich wird die Akkumulationstheorie bei Popper also eher eingegrenzt als aufgegeben.

5.2.2 Kuhns Paradigmentheorie

Mit seinem 1962 erschienenen Buch *Die Struktur wissenschaftlicher Revolutionen* löste Thomas Kuhn eine Umorientierung der Wissenschaftstheorie aus. Kuhn rückte die Charakteristika des wissenschaftlichen Wandels und die historische Entwicklung von Theorien in den Vordergrund und orientierte die methodologische Diskussion stärker an wissenschaftshistorisch ausgearbeiteten Fallstudien (statt an den zuvor verbreiteten schematischen oder fiktiven Beispielen). Dadurch wurden die Beschaffenheit des wissenschaftlichen Fortschritts und die Natur der wissenschaftlichen Rationalität zu zentralen Themen der Wissenschaftsphilosophie.

Dabei gab Kuhn als Erster die Akkumulationstheorie explizit auf, wenn auch begrenzt auf die so genannten wissenschaftlichen Revolutionen (Kuhn 1962, 16 f., 104, 108). »Kuhnsche Revolutionen« sind durch einen fundamentalen Theorienwandel charakterisiert, der keine Rekonstruktion als Grenzfallerhaltung zulässt. Die von Kuhn hervorgehobenen Gründe liegen grob gesagt darin, dass Revolutionen mit einem Wandel der Begriffe, der Probleme und der Kriterien für akzeptable Problemlösungen verbunden sind, so dass die nachrevolutionären Ansätze nicht als ähnlich gelagerte, bloß in einem technischen Sinne bessere Behandlungen derselben Problemstellungen gelten können.

Zentral für Kuhns Sichtweise und für die weitere Entwicklung der Wissenschaftsphilosophie richtungweisend ist die Unterscheidung zwischen zwei Ebenen der Theoriebildung, nämlich einem größeren theoretischen Rahmen und dessen spezifischen Konkretisierungen. Diesen übergreifenden Rahmen nennt Kuhn »Paradigma«. Ein Paradigma drückt die von einer wissenschaftlichen Gemeinschaft geteilten Verpflichtungen aus. Dabei handelt es sich um inhaltliche Vorstellungen von der Beschaffenheit des einschlägigen Sachbereichs, die Anerkennung bestimmter Problemlösungen als beispielhaft und mustergültig (oder »paradigmatisch«) sowie die Annahme bestimmter Qualitätsmaßstäbe für Erklärungen (Kuhn 1962, 25, 60-62, [1969], 194-203). Ein Paradigma dieser Art ist etwa die erwähnte Wellentheorie des Lichts im 19. Jahrhundert, die Licht als Ätherschwingung auffasste. Innerhalb dieses allgemeinen Theorieansatzes wurde eine Vielzahl konkreter Lösungen für optische Probleme angegeben, also spezielle theoretische Erklärungen von Phänomenen wie Beugung, Brechung oder Interferenz.

Das Rückgrat dieser Paradigmentheorie bildet das *Kuhnsche Stufenschema*, das dem Anspruch nach das typische Ablaufmuster des Theorienwandels wiedergibt. In der Kuhnschen *Normalwissenschaft* hat ein Paradigma eine Monopolstellung erlangt und ist zum einmütig akzeptierten Rahmen theoretischer Arbeit geworden. Die Forschung operiert mit einer verbindlichen Leitlinie, ein klarer Stand der Forschung bildet sich aus, arbeitsteilige Kooperation setzt ein. Dies bringt eine Professionalisierung und Spezialisierung mit sich, durch die der betreffende Gegenstandsbereich mit einer zuvor unbekannten Genauigkeit und Intensität untersucht wird.

In der Normalwissenschaft wird das Paradigma als gültiger Theorienrahmen vorausgesetzt und entsprechend nicht auf den Prüfstand der Erfahrung gestellt. Zwar werden empirische Untersuchungen durchgeführt, aber dabei handelt es sich nicht um die von Popper geforderten ernsthaften Widerlegungsversuche. Auftretende Anomalien werden nämlich nicht der Theorie angelastet, sondern der Komplexität und Undurchsichtigkeit der Umstände oder dem mangelnden Geschick der Wissenschaftler. In der Normalwissenschaft können Anomalien dem Paradigma in der Regel wenig anhaben, es besitzt eine *Immunität* gegen Anomalien (Kuhn 1962, 90, 93 f.; Kuhn 1970a, 6 f.; vgl. Hoyningen-Huene 1989, 218 f.).

Allerdings hat diese Immunität ihre Grenzen. Wenn sich die empirischen Probleme häufen, wenn Schwierigkeiten trotz anhaltender Versuche der klügsten Köpfe nicht auszuräumen sind, dann schwindet die Glaubwürdigkeit des herrschenden Paradigmas. Die Folge ist eine Phase professioneller Unsicherheit, die durch größere intellektuelle Offenheit und die Suche nach Alternativen gekennzeichnet ist. Eine solche Krise stellt sich früher oder später zwangsläufig ein. Gerade weil die Normalwissenschaft die betreffenden Phänomene mit großer Präzision untersucht und tief in den Sachbereich eindringt, werden die Grenzen des leitenden Paradigmas irgendwann sichtbar. Kuhns Behauptung ist also, dass die Normalwissenschaft ihrer Beschaffenheit nach eine Krise heraufbeschwört. Die Normalwissenschaft ist epistemisch instabil.

Endet die Krise mit der Annahme eines neuen Paradigmas, hat eine *wissenschaftliche Revolution* stattgefunden, ein *Paradigmenwechsel*. Für Kuhn stellt sich ein solcher Paradigmenwechsel als ein Neuaufbau der betroffenen Disziplin dar. In einer Revolution werden Kernbestandteile des zuvor akzeptierten theoretischen Rahmens aufgegeben und neuartige Vorstellungen an ihre Stelle gesetzt. Die Revolution stellt einen nicht-akkumulativen Theoriewandel dar. Diese Umorientierung kann eine Änderung der Vorstellungen von der Beschaffenheit des fraglichen Phänomenbereichs, des Wertekanons für qualifizierte Erklärungen und der Sammlung von Musterlösungen einschließen (Kuhn 1962, 97 f.). Bei solchen Umbrüchen treten die Beurteilungsunsicherheiten der Kuhn-Unterbestimmtheit zutage (vgl. Kap. 4.2).

Ein Aspekt solcher nicht-akkumulativer Veränderungen ist die Auflösung von Problemen anstelle ihrer Lösung. Bei Revolutionen werden zwar offene Probleme gelöst, aber unter Umständen wird stattdessen vom Nachfolgerparadigma die Legitimität der Fragestellung bestritten (Kuhn 1962, 116). Im 19. Jahrhundert bestand eine Herausforderung der Wellenoptik und später der Elektrodynamik darin, die Entstehung und Ausbreitung von Licht oder von elektromagnetischen Wellen durch die mechanischen Eigenschaften des Lichtäthers zu erklären. Dieses Thema spielte nach dem Ausschluss des Äthers aus dem Kreis der wissenschaftlichen Problemstellungen durch Einstein keine Rolle mehr. Bei der Auflösung von Problemen drückt sich der wissenschaftliche Fortschritt nicht darin aus, dass man nun die Antwort auf eine zuvor unbeantwortete Frage kennt. Diese Antwort weiß man nachher ebenso wenig wie vorher. Stattdessen wird bestritten, dass es sich überhaupt um ein sinnvolles Problem handelt. Aus rückblickender, post-revolutionärer Perspektive sind die Wissenschaftler der Vergangenheit einem Trugbild zum Opfer gefallen.

Die Absage an die Akkumulationstheorie führt insgesamt zu der Auffassung, dass die jeweils akzeptierten Theorien im Verlauf der Wissenschaftsgeschichte einem markanten Wandel unterworfen sind. Dieser Wandel schließt insbesondere die Ablösung globaler, übergreifender Erklärungsansätze ein. Wissenschaftlicher Fortschritt beinhaltet nicht das bloße Hinzufügen neuer Wahrheiten zu alten Erkenntnissen, sondern auch den Zusammenbruch von Theorien. Die theoretischen Verwerfungen sind im Verlauf der Wissenschaftsgeschichte viel ausgeprägter und markanter, als es die Akkumulationstheorie vorsieht.

Wissenschaft und Wirklichkeitserkenntnis

Aus dem Blickwinkel der Paradigmentheorie ist der mit der Wissenschaft häufig einhergehende Erkenntnisoptimismus nur zum Teil berechtigt. Zwar betont Kuhn, dass nach Maßgabe von Kriterien wie Anzahl der gelösten Probleme, Genauigkeit von Vorhersagen, Verhältnis von eher entlegenen zu alltäglichen Problemen spätere Theorien auf längere Sicht zuverlässig von früheren zu unterscheiden sind. Aber damit ist noch nicht ausgemacht, dass der Wissenschaft eine Annäherung an die Wirklichkeit gelingt. Dabei geht es um die Berechtigung der Position des so genannten *wissenschaftlichen Realismus*, der zufolge die unbeobachtbaren Objekte und Prozesse, die im Rahmen erfolgreicher wissenschaftlicher Theorien angenommen werden, genauso wirklich sind wie die Gegenstände der Erfahrungswelt. Quarks und Quasare gehören zur Grundausstattung der Realität – auch wenn sie keines Menschen Auge je erblickte.

Der wissenschaftliche Realismus wird von Kuhn und anderen zurückgewiesen. Die Zunahme der Leistungsfähigkeit begründet keine Annäherung an die Wirklichkeit. Kuhn stützt diese Behauptung wesentlich darauf, dass der Theorienwandel keine ontologische Konvergenz erkennen lässt. Vielmehr strebt die Wissenschaft in Fragen der Naturauffassung keinem erkennbaren Ziel zu (Kuhn 1962 [1969], 217 f.). Das Licht wird im 18. Jahrhundert als Teilchenstrom aufgefasst, im 19. Jahrhundert als mechanische Wellenbewegung, im 20. als Strom von Lichtquanten. Die Wärme gilt im 17. Jahrhundert als innere Bewegung der Körper, im späten 18. Jahrhundert als gewichtslose Substanz oder Wärmestoff, im 19. Jahrhundert als dem menschlichen Erkenntnisvermögen entzogen und im 20. wieder als innere Bewegung oder molekulare Bewegung. Früher verworfene Naturvorstellungen kommen durch den wissenschaftlichen Fortschritt unter Umständen wieder zu Ehren. Diese Abfolge von Aufgabe und Aufnahme deutet eher auf ein richtungsloses Schwanken hin als auf ein geradliniges Voranschreiten. Entsprechend lässt sich die Auffassung einer zunehmenden Entschleierung der Grundbausteine der Wirklichkeit nicht auf die Betrachtung des Theorienwandels gründen.

Im Verlauf des vergangenen Vierteljahrhunderts hat die Gegenposition des wissenschaftlichen Realismus stark an Boden gewonnen. Für diese wird eine Vielzahl von Gründen geltend gemacht, aber besondere Prominenz genießt das so genannte Wunderargument. Dieses sieht im Groben vor, dass ohne die Annahme, erfolgreiche Theorien erfassten die Wirklichkeit, der

Erfolg der Wissenschaft unerklärlich bliebe, eben ein bloßes Wunder. Aber Wunder gibt es eben doch nicht immer wieder, und deshalb ist nach einer tragfähigen Erklärungsgrundlage für den Erfolg der Wissenschaft zu suchen. Eine solche Grundlage wird durch die Annahme bereitgestellt, erfolgreiche Theorien gäben die tatsächliche Beschaffenheit der einschlägigen Phänomene wieder (Putnam 1978, 18 f.; vgl. Carrier 2004a).

Die Frage der wissenschaftlichen Wirklichkeitserkenntnis durchzieht die Wissenschaftsphilosophie des 19. und 20. Jahrhunderts und trennt nicht allein Philosophen, sondern auch Wissenschaftler. Einerseits betonen Forscher die Vorläufigkeit ihres Tuns; sie sprechen davon, dass sie nur Modelle entwickeln, und halten die Anerkennung der Distanz zwischen Modell und Wirklichkeit für eine wichtige methodologische Einsicht. Es ist danach Zeichen mangelnder methodologischer Reflexion, die Theorien für Repräsentationen der Wirklichkeit zu halten. Umgekehrt findet sich auch unter Wissenschaftlern ein markanter Realismus, dem zufolge gerade die physikalische Grundlagenforschung die Natur gleichsam ausschöpft und ihre wahre Beschaffenheit erschließt.

5.3 Wissenschaft im Anwendungszusammenhang

In der Wahrnehmung der Öffentlichkeit und der Politik tritt diese Rolle der Wissenschaft bei der Erkenntnis von Welt und Wirklichkeit allerdings hinter ihren Beitrag zur Wirtschaftsförderung zurück. Die Wissenschaft ist heute weniger deshalb Gegenstand öffentlicher Aufmerksamkeit und staatlicher Förderung, weil sie etwa die finalen Naturbausteine identifizierte, sondern weil sie einen Faktor der ökonomischen Dynamik und damit der Wohlstandssicherung darstellt. Aus diesem Grund genießt auch die angewandte Wissenschaft Vorrang vor der Grundlagenforschung. Nicht die Erkenntnis der Naturzusammenhänge steht im Vordergrund, sondern deren Kontrolle. Wissenschaft steht heute weithin im Dienst des Kunden; das Anwendungsinteresse durchzieht große Bereiche der Forschung (vgl. Kap. 1.2).

Die Wissenschaft scheint damit in der Gegenwart deutlich anderen Bedingungen unterworfen zu sein und andere Erfolgsmaßstäbe zum Tragen zu bringen als in den Jahrhunderten zuvor. Dem wird man entgegenhalten, dass bereits für die Protagonisten der Wissenschaftlichen Revolution die Nützlichkeit zu den proklamierten Zielen der Wissenschaft gehörte, so dass die Wissenschaft ihrem Anspruch nach von Anfang an auf Anwendung gesetzt hätte. Dieser Einwand trifft zwar in der Sache zu, verringert aber nicht die mit dem Anwendungsdruck der Gegenwart verbundenen Probleme. Zwar suchten schon die Revolutionäre des 17. Jahrhunderts die neue Wissenschaft dem Wohl der Menschen dienstbar zu machen. Für Descartes und Bacon sollte die Kenntnis der Naturprozesse die Konstruktion zweckdienlicher Geräte ermöglichen. Die neuen Erkenntnisse bringen eine angewandte Wissenschaft hervor, die endlich auch in praktischer Hinsicht Früchte trägt und die Mühsal der menschlichen Existenz erleichtert (Bacon 1620, I. §§ 81, 129; Descartes 1637, 101).

Diese neue Wahrnehmung des Verhältnisses von Wissen und Nutzen zeigt sich deutlich an der Gründungsgeschichte der (später so genannten) *Leopoldina*. In dieser bis heute existierenden Akademie schlossen sich nämlich 1652 vier Ärzte, die Gesamtheit der akademischen Heilkundigen der Stadt Schweinfurt, zum Zweck nutzbringender Naturforschung zusammen. Die Ärzteschaft der Zeit litt unter der Konkurrenz der Bader und Barbiere, der Kräuterweiber und Scharlatane, die insgesamt mit keinem geringeren Erfolg therapierten und kurierten als die Schulmediziner, aber ihre heilkräftigen Dienste zu deutlich niedrigeren Preisen anboten. Den vier Schweinfurter Ärzten ging es darum, die Wirksamkeit ihrer Heilverordnungen und Rezepturen durch die Aufklärung der zugrunde liegenden Naturzusammenhänge zu verbessern. Ihrer Vorstellung nach rechtfertigte sich Naturerkenntnis durch ihre Nützlichkeit für die Gesundheit der Menschen – und die Einkommen der Ärzte (Toellner 2002, 17-19).

Solche Festlegungen der Forschung auf das doppelte Ziel von Wahrheit und Nützlichkeit haben die Wissenschaft durch ihre Geschichte begleitet und gelegentlich den Eindruck hervorgerufen, Grundlagenforschung und angewandte Forschung ließen sich nicht trennen. Auch angewandte Forschung sei auf neue Erkenntnisse gerichtet und umgekehrt erkenntnisorientierte Forschung eng mit Anwendungsinteressen verwoben. Dies trifft zwar zu, gleichwohl lassen sich beide begrifflich durch ihre verschiedenen Erkenntnisziele und Erfolgskriterien unterscheiden. Grundlagenforschung strebt primär nach dem Verstehen von Naturzusammenhängen, angewandte Forschung zielt unmittelbar auf die Befriedigung spezifischer Bedürfnisse oder generell auf Nützlichkeit (Stokes 1997, 6-8). Entsprechend bemisst sich der Erfolg eines Forschungsprojekts in angewandten Zusammenhängen letztlich nach wirtschaftlichen Maßstäben, bei erkenntnisorientierten Untersuchungen hingegen nach der gewonnenen Einsicht in die betreffenden Naturzusammenhänge. Auch dem Augenschein nach besteht zwischen Vorhaben wie dem Bau eines flachen Folienbildschirms auf der Basis von Leuchtdioden verschiedener Farben und der Erforschung der Gründe für die beschleunigte Expansion des Universums ein klarer Kontrast. Das erstgenannte Projekt wird mit Abschätzungen des künftigen Marktvolumens für derartige technische Neuentwicklungen gerechtfertigt, das zweite damit, dass der Mensch seit dem Erwachen seines Geistes der Struktur des Kosmos nachspürt. Begrifflich lässt sich damit die Unterscheidung zwischen Grundlagen- und Anwendungsforschung aufrechterhalten. Die Trennlinie verläuft zwischen der Orientierung an der Vertiefung des Naturverstehens und dem in ökonomischen Kategorien gefassten Nutzen. Die Beispiele führen weiter gehend vor Augen, dass diese Trennung auch empirisch gezogen werden kann, dass also nicht jedes Projekt unterschiedslos beiden Zielen dient.

Überdies erwies sich der Anspruch der Wissenschaftlichen Revolution, durch Erkenntnis der Naturprozesse die Herrschaft des Menschen über die Natur zu begründen oder zu festigen, anfangs als nicht einlösbar. Über einen langen Zeitraum hinweg blieb der Ertrag der neuen Wissenschaft für technische Errungenschaften gering. Das gilt auch für die Medizin – trotz der lobenswerten Bemühungen von vier Schweinfurter Ärzten. Charakteristisch ist, dass die Newtonsche Mechanik zwar den Lauf der Planeten und das Geheimnis der Gezeiten entschleierte, zu den praktischen Herausforderungen der Architektur aber keinerlei Beitrag zu leisten vermochte. Christopher Wren, um 1700 ein bedeutender Architekt, war mit der damals neuen Newtonschen Mechanik bestens vertraut. Gleichwohl entwarf er die Londoner St. Paul's Cathedral ohne jeden Rückgriff auf diese und stattdessen nach Maßgabe mittelalterlicher Handwerkerregeln. Die Erfindung der Dampfmaschine war das Werk von Versuch und Irrtum, ohne dass die Wissenschaft der Zeit dabei Hilfestellung zu leisten vermochte. Tatsächlich gilt dies für die gesamte so genannte erste industrielle Revolution des späten 18. und frühen 19. Jahrhunderts. Diese erste Mechanisierungswelle der herkömmlichen Manufakturen wurde weitgehend von Tüftlern und Bastlern, nicht von wissenschaftlich ausgebildeten Ingenieuren ans Werk gesetzt.

Dies änderte sich im Lauf des 19. Jahrhunderts nachdrücklich. Zunehmend bildete sich eine angewandte Wissenschaft heraus, die die theoretischen Einsichten erfolgreich für praktische Eingriffe zu nutzen verstand. In dieser Phase der Wissenschaftsentwicklung erwiesen sich die theoretischen Ansätze als hinreichend durchgearbeitet, um der Komplexität der zugehörigen Phänomene gerecht zu werden. Die Elektrotechnik profitierte zunehmend von der Theorie der Elektrodynamik. Durch Louis Pasteur gewann die Mikrobiologie hohe praktische Relevanz für die Lebensmittelherstellung und in der Medizin. Während der so genannten zweiten industriellen Revolution wurde die angewandte Wissenschaft zu einer Grundlage industrieller Fertigung und zum Träger industriellen Fortschritts. Erst Ende des 19. Jahrhunderts reichte also das wissenschaftliche Verstehen bis in komplexe Fertigungsprozesse hinein; erst jetzt waren die Visionen der Gründerväter der Wissenschaft in die Wirklichkeit umgesetzt.

Inzwischen wird die Wissenschaft nicht selten zum Opfer dieses Erfolgs und sieht sich einem starken Anwendungsdruck unterworfen. Neuerdings ruft diese Praxisnähe der Wissenschaft Bedenken hervor, dieser Anwendungsdruck auf die Wissenschaft könne deren Erkenntnisorientierung in Frage stellen. Kritiker befürchten, dass die Wissenschaft durch den Zwang zur praktischen Nützlichkeit in ihrer Glaubwürdigkeit und damit in methodologischer Hinsicht Schaden nimmt. Eine von materiellen Interessen und kommerziellen Zielen getriebene Wissenschaft lasse Objektivität und Universalität vermissen und gleite in Parteilichkeit und forschungsethisches Versagen ab (Schweber 1993; Ziman 2002).

Es ist keineswegs ausgemacht, dass diese Befürchtungen berechtigt sind. Vielmehr lässt sich auch die entgegengesetzte Erwartung stützen, dass gerade angewandte Forschung in besonders hohem Maße auf Verlässlichkeit angewiesen ist und dass diese am besten durch die Gewinnung von Wissen erreichbar ist, das im Licht strenger Beurteilungsmaßstäbe seine Tauglichkeit unter Beweis gestellt hat. Darüber hinaus ist angewandte Forschung epistemisch keineswegs immer unfruchtbar; unter Umständen fördert eine Untersuchung sowohl das allgemeine Wohl als auch das Naturverstehen. Herausforderungen der angewandten Forschung können Grundlagenfragen aufwerfen und ohne deren Behandlung nicht angemessen zu bewältigen sein. Dann ist Grundlagenforschung eine Folge erfolgreicher angewandter Forschung. Die neuartige Konzeption der Dotierung in der Festkörperphysik ist bei der Entwicklung von Dioden und Transistoren ausgearbeitet worden, die Konzeptionen der Retroviren und der Prionen in der Molekularbiologie sind aus der anwendungsdominierten Aufklärung von Infektionsketten erwachsen. Innovative Erklärungsansätze mit Grundlagenrelevanz werden auch von der angewandten Forschung hervorgebracht (Rosenberg 1990, 169; Stokes 1997, 87f.; Carrier 2004c).

Unabhängig von den unterschiedlichen Bewertungen spricht jedoch viel dafür, dass sich das Erscheinungsbild der Wissenschaft deutlich geändert hat. Die Wissenschaft ist Teil des Marktgeschehens geworden und in viel stärkerem Umfang wirtschaftlichen Kräften unterworfen als noch vor einigen Jahrzehnten. Als Folge der Dominanz einer kommerziellen Forschungsagenda sieht John Ziman eine »post-akademische Wissenschaft« heraufziehen, die institutionell und methodologisch von »instrumentellen Werten« beherrscht ist, also von einer kurzfristigen Nutzenperspektive (Ziman 2002).

Tatsächlich stimmt die Mehrzahl von Beobachtern in dieser Diagnose überein. In den vergangenen Jahren fand die von Michael Gibbons, Helga Nowotny und anderen stammende These besondere Beachtung, die Wissenschaft sei unter diesem Praxisdruck in einen »Modus 2« eingetreten, habe also gleichsam einen institutionellen und methodologischen Phasenübergang vollzogen, durch den sie sich von dem herkömmlich erkenntnisorientierten, galileischen »Modus 1« entfernt habe. Forschung im Modus 2 soll sich dabei durch die folgenden fünf Merkmale auszeichnen.

(a) *Primat des Anwendungszusammenhangs*: Während Forschung im Modus 1 auf das kausale oder theoretische Verstehen eines Phänomens abzielt und Anwendungen erst in einem separaten, nachgelagerten Schritt in den Blick nimmt, wird im Modus 2 Wissen im Anwendungszusammenhang erzeugt. Die Lösung praktischer Herausforderungen stützt sich also nicht wesentlich auf zuvor verfügbares Wissen.

(b) *Transdisziplinarität*: Im Gegensatz zum Modus 1 wird die Forschungsagenda nicht durch die Entfaltungslogik einer Disziplin bestimmt, sondern durch praktische Herausforderungen festgelegt. Deshalb gewinnen Laien wie Politiker oder Unternehmensführungen einen spürbaren Einfluss auf Forschungsthemen.

(c) *Institutionelle Heterogenität*: Forschung im Modus 2 findet nicht überwiegend an Universitäten statt, sondern unter verschiedenartigen organisatorischen Rahmenbedingungen. Beispiele sind Industrielaboratorien, Beratungsfirmen oder kurzlebige Arbeitsgruppen. Die Fertigkeiten und der Wissenshintergrund solcher Forscher fallen stärker auseinander als in disziplinär gebundener akademischer Forschung.

(d) *Gesellschaftliche Rechenschaftslegung*: Aufgrund ihrer Praxisrelevanz zeichnet sich Forschung im Modus 2 durch eine Sensibilität für die sozialen Auswirkungen neuen Wissens aus. Die jeweils vorgeschlagenen Problemlösungen werden daher auch nach Maßgabe gesellschaftlicher Werte ausgewählt.

(e) *Veränderte Verfahren der Qualitätskontrolle*: Gesellschaftlich und wirtschaftlich begründete Maßstäbe werden den herkömmlichen Beurteilungskriterien hinzugefügt oder treten an deren Stelle. Kostengünstigkeit und soziale Kompatibilität zeichnen einen Lösungsvorschlag eher aus als theoretische Vereinheitlichung oder kausale Durchdringung (Gibbons et al. 1994, 1-17).

In der Summe besagt die These, dass die Wissenschaft aus der Abgeschiedenheit des akademischen Labors in die gesellschaftliche Arena eingetreten ist, dabei unter neuartigen Zwangsbedingungen operiert und eine tief greifende institutionelle und methodologische Umorientierung erfährt.

Auch wenn die genauen Auswirkungen des Anwendungsdrucks auf Wissenschaft keineswegs feststehen – dass sich das Erscheinungsbild der Wissenschaft unter diesen Bedingungen gewandelt hat und weiterhin wandelt, steht außer Frage. Beachtung verdient dabei, dass die Diagnosen dieses Vorgangs eine Abkehr von methodologischen Festlegungen der Wissenschaftlichen Revolution beinhalten (vgl. Kap. 5.1). Zum Beispiel steht die Suche nach Naturgesetzen oder nach übergreifenden Zusammenhängen generell keineswegs mehr im Zentrum. Stattdessen geht es eher um die Aufklärung besonderer Mechanismen und eng umgrenzter Sachumstände. Spezifische, nicht universelle Erkenntnisziele bestimmen die Agenda. Darüber hinaus steht nur in wenigen angewandten Forschungszusammenhängen die Mathematik so stark im Vordergrund, wie es den Pionieren der Wissenschaftlichen Revolution vorschwebte. Für die Aufklärung inhaltlicher Zusammenhänge in Chemie und Biologie ist die Mathematik von eher randständiger Bedeutung; allenfalls spielt sie in den Beobachtungs- und Analysetechniken eine Rolle. Auch wenn anwendungsdominierte Forschung nicht gleich einen epistemischen Epochenbruch markiert, wie von

Vertretern des Modus 2 und anderer ähnlicher Thesen behauptet, so weist sie doch eine Zahl von institutionellen und methodologischen Verschiebungen auf. Der Wandel in der Wissenschaft beschränkt sich nicht auf das Fort- oder Umschreiben von Theorieinhalten. Auch methodologisch befindet sich die Wissenschaft im Wandel.

6. Wissenschaft im gesellschaftlichen Kontext: Erkenntnis, Werte und Interessen

6.1 Wissenschaft und Werte

Wissenschaftliches Erkenntnisstreben ist in mehrfacher Hinsicht von Werten beeinflusst und umgekehrt für Werthaltungen von Einfluss. Wissenschaft und Werte durchdringen einander wechselseitig in vielfältiger Weise. Drei Typen von Werten sind dabei von Bedeutung: *epistemische* Werte, die den Erkenntnisanspruch der Wissenschaft oder die Natur wissenschaftlichen Wissens näher bestimmen, *ethische* Werte, die Freiheits- und Schutzansprüche von Personen betreffen, sowie *soziale* Werte, die Mitwirkungs-, Teilhabe- und Schutzansprüche von gesellschaftlichen Gruppen zum Ausdruck bringen.

Dem ersten Anschein nach beschreibt Wissenschaft, was es gibt, so dass außer der Wertschätzung des Wissens für Wissenschaftler beruflich Werte nicht von Bedeutung sind. Im Labor haben Werte nichts zu suchen. Tatsächlich besteht aber eine Wechselbeziehung zwischen Wissenschaft und Werten. Wissenschaftliche Erkenntnis ist durchaus von Relevanz für Werte; umgekehrt gehen Werte in Urteile über wissenschaftliche Erkenntnisansprüche ein.

Wissenschaftliche Erkenntnis kann zur Stützung oder Unterhöhlung von Werten oder zu Änderungen ihrer Interpretation und Wirksamkeit beitragen. Dies gilt zunächst für epistemische Werte. Zum Beispiel förderte der zunehmende Einschluss von Nicht-Beobachtungsgrößen in Theorien im 19. Jahrhundert den Aufstieg des hypothetisch-deduktiven Prüfverfahrens (vgl. Kap. 2.3.1). Ebenso erschütterten die wissenschaftlichen Umbrüche zu Beginn des 20. Jahrhunderts die Verpflichtung der Wissenschaft auf Sicherheit oder Gewissheit und motivierten Poppers Charakterisierung der Wissenschaft als Vermutungswissen (vgl. Kap. 5.2.1).

Ethische Werthaltungen stützen sich zum Teil auf theologische Grundsätze, und diese können durch die Wissenschaft erschüttert werden. Charles Darwins Evolutionstheorie besagt u.a., dass der Mensch jedenfalls nicht in seiner gegenwärtigen Gestalt aus den Händen des Schöpfers hervorgegangen ist. Die Theorie vermindert die Glaubwürdigkeit einer buchstäblichen Lesart der christlichen Genesis und nimmt dadurch etwa der Lehre von der Erbsünde, also der Verworfenheit des Menschen von Geburt an, viel von ihrer ethischen Bindungswirkung.

Auch soziale Werte werden unter Umständen von wissenschaftlichen Erkenntnissen beeinflusst. Zum Beispiel weisen Genetiker darauf hin, dass Menschen eine vergleichsweise junge Spezies sind und dass sie sich aus diesem Grund genetisch stärker gleichen als andere biologische Arten. Diese enge genetische Verwandtschaft wurde als Stützung für ethnische Gleichberechtigung herangezogen. Dass die genetische Variabilität innerhalb ethnischer Gruppen größer ist als die Unterschiede zwischen ihnen, sollte biologische Überlegenheitsansprüche untergraben und dem Rassismus den Boden entziehen.

Auf Max Weber geht die These von der Wertfreiheit der Wissenschaft zurück. Weber vertrat die Ansicht, »daß es niemals Aufgabe einer Erfahrungswissenschaft sein kann, bindende Normen und Ideale zu ermitteln« (Weber 1904, 149). Zwar könne die Wissenschaft die logisch-begrifflichen Zusammenhänge zwischen Werten analysieren, die Folgen und Nebenwirkungen bestimmter Werthaltungen ermitteln oder die Eignung von Mitteln zur Umsetzung von Wertentscheidungen untersuchen, nicht aber selbst Wertmaßstäbe begründen (Weber 1904, 149-151).

Hans Albert hat später weiter gehende Beziehungen zwischen Wissenschaft und Wertpositionen herausgearbeitet. Albert will normative Vorgaben durch so genannte *Brückenprinzipien* der kritischen wissenschaftlichen Prüfung zugänglich machen. Dabei handelt es sich etwa um die Realisierbarkeit oder die Kongruenz zwischen Kosmologie und Ethik (Albert 1968, 76 f.). Nach dem Brückenprinzip der Realisierbarkeit verlangt Sollen zunächst einmal Können. So haben Soziobiologen geltend gemacht, dass sich der biologisch begründbare Altruismus auf Verwandte beschränkt und dass sich die soziale Herausbildung von Kooperation auf die Erwartung der Erwiderung guter Taten stützt. Man hilft dem Nächsten im eigenen Interesse. Hingegen ist der selbstlose, nicht auf Kompensation setzende »Mutter-Teresa-Altruismus« weder auf die Gene noch auf Gegenseitigkeit zu stützen – womit nicht selten das Urteil verknüpft wird, der in der Ethik gern beschworene universelle und uneigennützige Altruismus sei mit der Natur des Menschen nicht vereinbar und dürfe daher von ihm nicht gefordert werden.

Durch das weitere Brückenprinzip der Kongruenz zwischen Kosmologie und Ethik werden solche Werthaltungen fragwürdig, die Faktoren in Anspruch nehmen, welche im Licht der Naturerkenntnis gar nicht existieren. Auf dieses Brückenprinzip stützt sich das neuere Plädoyer für eine Revision des Strafrechts auf der Grundlage des so genannten »Neurodeterminismus«. So werden Befunde der Neurowissenschaften als Einwände gegen die Möglichkeit menschlicher Willensfreiheit vorgebracht. Die Überschrift eines Artikels, den der Neurowissenschaftler Wolf

Singer in der FAZ veröffentlichte, bringt das Argument knapp zum Ausdruck: »Keiner kann anders, als er ist. Verschaltungen legen uns fest: Wir sollten aufhören, von Freiheit zu reden.« (FAZ vom 8.1.2004). Statt vom vernünftigen Abwägen, von Argumenten oder Gründen ist von Neurotransmittern und Bereitschaftspotenzialen die Rede. Die so genannten »dynamischen Zustände von Nervennetzen« treffen unsere Entscheidungen, und in diesen Prozessen lassen sich keine Spuren von guten Gründen oder von moralischen Gefühlen feststellen. Wenn es aber keine solche Freiheit des Erwägens gibt, dann ist kriminelles Verhalten auch nicht im moralischen Sinne schuldhaft. Es laufen lediglich spezifische neuronale Kausalketten ab, die am Ende zu Handlungen führen, welche anderen Schaden zufügen. Insgesamt lautet das Argument, dass juristisch relevantes Verschulden neuronale Mechanismen voraussetzt, die sich tatsächlich nicht finden. Daher sei moralische Schuld eine haltlose Vorstellung. Es geht an dieser Stelle nicht um die Haltbarkeit der Schlussfolgerung, sondern allein darum, dass hier wissenschaftliche Sachverhalte über ein Brückenprinzip zur Unterhöhlung ethischer Urteile herangezogen werden.

Obwohl auch bei Albert die Wissenschaft keine Wertbindungen vorzugeben vermag und ihre Wertfreiheit in diesem Sinne wahrt, gewinnt Wissenschaft auf dem Weg über Brückenprinzipien doch ein kritisches Potenzial gegenüber Wertpositionen und kann deren Überzeugungskraft durchaus beeinflussen. Es ist gerade dieser Zusammenhang, der sich auch in den eingangs genannten Beispielen ausdrückt. Zwar können Werthaltungen nicht einfachhin mit Tatsachenerkenntnissen in Gegensatz geraten, aber die Glaubwürdigkeit solcher Haltungen stützt sich unter Umständen auf Sachvoraussetzungen und kann entsprechend durch deren Vorliegen oder Fehlen beeinflusst werden.

6.2 Epistemische, ethische und soziale Werte im Erkenntnisprozess

Daneben steht der entgegengesetzt gerichtete Einfluss von Werten auf den Erkenntnisprozess. Werte werden dabei zur Beurteilung von Erkenntnisansprüchen in der Wissenschaft herangezogen und tragen so zur Auszeichnung wissenschaftlich akzeptabler Annahmen bei. Solche Werte weichen dem Wissen nicht, sondern prägen dieses mit.

Für epistemische oder kognitive Werte ist dieser Beitrag nicht streitig. In der Folge der Duhemschen Analyse des hypothetisch-deduktiven Prüfverfahrens (vgl. Kap. 2.4), der Quineschen These der Unterbestimmtheit der Theorie durch die Erfahrung und der Kuhnschen These der Beurteilungsspielräume von Hypothesen anhand der Daten (vgl. Kap 4.2) ist weitgehend einhellig akzeptiert, dass Logik und Erfahrung allein für die Auszeichnung von wissenschaftlichen Lehrsätzen nicht hinreichen. Zusätzlich kommen epistemische Maßstäbe oder Werte wie Vereinheitlichung oder Genauigkeit zum Tragen (vgl. Kap. 4.2). Andere epistemische Auszeichnungsmerkmale sind aufgegeben worden – etwa die vom Induktivismus geforderte Bindung der ersten Prinzipien einer Theorie an die Erfahrung (vgl. Kap. 2.3.1). Epistemische Werte charakterisieren entsprechend das wissenschaftliche Erkenntnisideal auch jenseits von Widerspruchsfreiheit und Übereinstimmung mit den Tatsachen.

Ethische Werte dienen der Sicherung von Freiheits- und Schutzansprüchen von Individuen. Dabei stehen die moralische Legitimität der Erkenntnismittel und die Risiken von Technologien im Vordergrund der Beurteilung. Ethische Wertpositionen dienen etwa als Grundlage für den Ausschluss oder die Beschränkung von Experimenten. So dürfen Experimente die Menschenrechte nicht verletzen. Diese Forderung selbst ist nicht kontrovers; umstritten ist aber unter Umständen ihre Umsetzung. Die Meinungen sind geteilt, welche Experimente eine Verletzung der Menschenwürde bedeuten. Zum Beispiel werden Experimente mit menschlichen Stammzellen in dieser Hinsicht sehr unterschiedlich eingestuft.

Ethisch gestützte Werthaltungen kommen auch bei der Beurteilung von Technologien zum Tragen. Solche Werte werden vor allem bei der Abschätzung von Risiken relevant. Die Wahrnehmung solcher Risiken ist sowohl mit dem Misserfolg als auch dem Erfolg technologischer Neuerungen verknüpft.

Zunächst ist das Versagen von Technologien mit Befürchtungen verbunden. Unerwartete Nebenwirkungen und Funktionsmängel technischer Verfahren gelten als unakzeptable Risiken. Vom Menschen verursachte Gefahren wie das Ozonloch oder die neue Variante des Creutzfeldt-Jakob-Syndroms geben zu Skepsis Anlass. In solchen Fehlgriffen und Misserfolgen dokumentieren sich die Grenzen des wissenschaftlichen Zugriffs, die ihrerseits zu einer Quelle von Furcht und Misstrauen gegenüber der Wissenschaft werden. Die Furcht vor Mängeln und Nebenwirkungen von Technologien sowie vor Unfällen spielt etwa in der Umweltdebatte eine zentrale Rolle.

Neben die Furcht vor Misserfolg tritt die Furcht vor Erfolg. Der gelingende technische Eingriff ruft Bedenken der Art hervor, es könnten sich ethisch unakzeptable Folgen einstellen. Diese Haltung ist in der Debatte der Nachkriegszeit über die Entwicklung der Atombombe greifbar. In Friedrich Dürrenmatts *Die Physiker* wird die zerstörerische Gewalt physikalischer Erkenntnis zum Thema. Die Natur ist der schrecklich gewordenen Wissenschaft nicht gewachsen; sie geht an den Physikern zugrunde (Dürrenmatt 1962, 74). Im gleichen Sinne werden heute die Entwicklungen in der Bio- und Reproduktionsmedizin nicht selten als Bedrohung der Selbstbestimmung des Menschen erlebt. Die Steigerung der Machbarkeitsspielräume durch die Wissenschaft lässt diese zu einer Quelle von Befürchtungen werden. Auf diesem Feld haben wir vor allem Angst davor, was wir zuwege bringen können, weniger vor den Auswirkungen unseres Versagens. Es ist die Möglichkeit gelingenden Klonierens, nicht die Aussicht auf dessen Scheitern, die als ethisch relevante Bedrohung begriffen wird.

Die weltweite Einrichtung von nationalen Ethikkommissionen entspringt diesem Streben nach Begrenzung des technischen Eingriffs im biomedizinischen Bereich. Dabei geht es zum einen um die ethisch begründete Beschränkung der Mittel für experimentelle Eingriffe in lebende Systeme, zum anderen aber auch darum, Forschungsresultate oder Forschungsprodukte zu verhindern, die im Gegensatz zu einer ethisch untermauerten Auffassung menschlicher Personalität stehen. Es soll gerade nicht alles gemacht werden, was man technisch machen kann.

Soziale Werte bringen Urteile über gesellschaftliche Gruppen zum Ausdruck. Sie begründen oder versagen solchen Gruppen Mitwirkung und Teilhabe an politischen Prozessen oder Schutz in gesellschaftlichen oder politischen Auseinandersetzungen. Der Einfluss sozialer Werte auf die Wissenschaft manifestiert sich in der Regel nicht als äußerer politischer Druck. Zwar gibt es Beispiele für solche Eingriffe, aber deren Wirksamkeit bleibt beschränkt. Einer der bedeutendsten Fälle dieser Art im 20. Jahrhundert ist die von Trofim Lyssenko gegen Darwins Selektionstheorie gesetzte und von Jean-Baptiste Lamarck inspirierte Behauptung der Vererbung erworbener Eigenschaften. Lyssenkos Ansichten stießen in der von Stalin regierten Sowjetunion auf Gegenliebe. Aus ihnen ergab sich nämlich, dass durch eine Veränderung der Lebensverhältnisse und insbesondere durch die sozialistische Wirtschaftsform und Lebensweise ein neuer, auch in seinem Erbgut veränderter Menschentypus entsteht.

Aufgrund dieser willkommenen Konsequenzen seiner Theorie wurde Lyssenko regierungsamtlich gefördert und führte in großem Stil veränderte Anbaumethoden ein. Insbesondere ging es darum, dem kalten Klima Sibiriens besser angepasste und entsprechend ertragreichere Getreidesorten zu züchten. Lyssenko wandte für diese Versuche gerade nicht die übliche Methode der »Zuchtwahl« an, sondern setzte auf die allmähliche, sich über Generationen erstreckende Gewöhnung des Getreides an die Kälte (wie es der Vererbung erworbener Eigenschaften entsprach). Allerdings endeten diese Versuche in einem Fiasko, und der Anbau à la Lyssenko wurde im Zuge der Entstalinisierung auch in der Sowjetunion wieder aufgegeben.

Diese Beschränkung in der zeitlichen Wirkung und der räumlichen Erstreckung politischer Einflussnahme ist typisch. Trotz intensiver Bemühungen von Kirchen aller Denominationen sowie der Regierung der UdSSR setzte sich die Darwinsche Evolutionstheorie durch. Auch die deutsche Physik unseligen Andenkens fand bereits nach zwölf Jahren der Schreckensherrschaft ihr unrühmliches Ende. Äußerer politischer Druck auf die Wissenschaft ist in aller Regel wenig wirksam oder bricht nach kurzer Zeit zusammen. Tatsächlich schlagen sich soziale Werte bevorzugt auf andere Weise nieder. Sie wirken gleichsam von innen und entfalten ihren Einfluss ganz ohne Zwang in den Köpfen der beteiligten Wissenschaftler. Soziale Werte kommen insbesondere dann zum Ausdruck, wenn starke gesellschaftliche Einstellungen auf eine unklare Datenlage treffen.

Ein Beispiel ist die Hirnforschung im 19. Jahrhundert. Der Aufschwung der Physiologie in dieser Zeit führte zunehmend zu der Überzeugung, dass Aufbau und Struktur des Gehirns Aufschluss über psychische Besonderheiten geben könnten. Die im Laufe des 19. Jahrhunderts immer wieder in wechselnder Ausprägung und Kombination herangezogenen physiologischen Parameter waren: Hirngewicht, Asymmetrie der Hemisphären, Windungsreichtum und Ausprägung des Stirnhirns. Nach gegenwärtigem Kenntnisstand sind diese Größen ohne Belang; psychologische Unterschiede zwischen Menschen lassen sich nicht an solchen groben Merkmalen festmachen. Gleichwohl finden sich das ganze 19. Jahrhundert hindurch Erfolgsberichte, denen zufolge es gelungen war, statistische Korrelationen zwischen solchen Größen und psychosozialen Eigenschaften herzustellen. Auffallend ist, dass diese Korrelationen häufig die Vorurteile der Epoche reproduzierten. Der windungsarme Gehirntypus sollte bei Frauen besonders häufig vorkommen, während sich Männer und insbesondere Mathematiker durch windungsreiche Gehirne auszeichneten. Ebenso wähnte man, hirnphysiologische Differenzen nach Herkunftsregionen (also zwischen Europäern und Nicht-Europäern) und sozialem Rang (oder Intelligenz) feststellen zu können. Prompt fand man etwa eine Reihung bei der Abmessung der Großhirne, die von den Deutschen über die Russen und »Neger« bis zum Orang-Utan reichte (Hagner 1999, 251-260).

Dieses Beispiel verdeutlicht, dass Einstellungen zu gesellschaftlichen Gruppen Erwartungen hervorrufen, die einem unklaren Datenmaterial gleichsam aufgeprägt werden und am Ende die Interpretation der Erfahrungsbefunde dominieren können. Aber selbst dann fügten sich die Daten nicht stets und blieben die Messresultate nicht selten widerspenstig. Insbesondere wurde die zunächst vermutete Korrelation zwischen Intelligenz und Hirngewicht im Verlauf des 19. Jahrhunderts zunehmend aufgegeben. Es wirkte einfach wenig überzeugend, wenn das Hirngewicht des seinerzeit berühmten Göttinger Mineralogen Friedrich Hausmann im unteren Drittel der Variationsbreite gewöhnlicher Sterblicher angesiedelt war (Hagner 1999, 259). Zwar behält demnach selbst in solchen Fällen die Widerständigkeit des Faktischen ihr Recht, es ist aber auch unverkennbar, dass soziale Werte das wissenschaftliche Denkgebäude über einen erheblichen Zeitraum spürbar beeinflusst haben.

Aus einem stärker systematischen Blickwinkel bestätigt die Kuhn-Unterbestimmtheit die Wichtigkeit von sozialen und anderen Werten für die Entwicklung der Wissenschaft. Die mit der Kuhn-Unterbestimmtheit verknüpfte These lautet schließlich gerade, dass auch der Einbezug epistemischer Werte nicht den Spielraum für Theoriewahlentscheidungen beseitigen kann. Individuell variable Einstellungen und Präferenzen nehmen einen wichtigen Platz bei der Beurteilung von Hypothesen oder Theorien ein (vgl. Kap. 4.2). In die Kuhnsche Rekonstruktion von Theoriewahlentscheidungen passt sich die dargestellte Wirkung sozialer Werte daher glatt ein.

Auf der anderen Seite könnte die Wirkung sozialer Werte auf die frühen Phasen der Entwicklung einer Theorie beschränkt bleiben. In diesem Sinne vertritt etwa Ernan McMullin die These, dass nicht-epistemische Werte zwar zur Annahme einer Theorie beitragen, aber im Prozess der Reifung der Theorie zunehmend aus dieser gleichsam herausgesiebt werden. Danach kommt der Einfluss sozialer Werte nicht auf Dauer zum Tragen. Wenn eine Theorie anhaltend erfolgreich ist, dann wird sie am Ende durch eine ausschließlich epistemische Erfolgsbilanz gestützt. Bleiben dagegen soziale Werte Teil der Bestätigungsbasis der Theorie, dann wird sie ihren Platz im System des Wissens nicht halten können (McMullin 1983, 23).

Die einflussreiche Gegenthese Philip Kitchers lautet, dass Wissenschaft anhaltend von sozialen Werten durchdrungen bleibt. Eines der relevanten Argumente ist, dass die Erkenntnisziele der Wissenschaft in kcinem Fall durch das Streben nach wahrheitsgemäßer Repräsentation der Wirklichkeit hinreichend beschrieben sind. Schließlich gibt es Myriaden belangloser Wahrheiten, die zu Recht die Aufnahme in das wissenschaftliche Lehrgebäude verfehlen. Die Wissenschaft soll stattdessen »signifikante Wahrheiten« ermitteln, und welche das sind, kann nicht auf ausschließlich objektiver Grundlage geklärt werden.

Eine solche objektive Bestimmung wäre dann möglich, wenn es einen umgrenzten Bereich grundlegender Wahrheiten gäbe, von denen die übrigen abhingen. Dies würde einen Reduktionismus voraussetzen, dem zufolge ein durchgehendes Fundament von Prinzipien dem System des Wissens zugrunde läge. In einem solchen reduktionistischen Rahmen wären die Theorienschichten hierarchisch geordnet und zeichneten eine einzige fundamentale Ebene als die Basis des gesamten Erkenntnisgebäudes aus. »Objektiv signifikant« wäre eine Wahrheit, die in der Nähe dieser Erkenntnisbasis angesiedelt ist.

Aber reduktionistische Auffassungen dieser Art haben sich als wenig plausibel herausgestellt. Tatsächlich geht es in der Wissenschaft des vergangenen halben Jahrhunderts häufig um die Aufdeckung spezieller Zusammenhänge wie die Mechanismen des Ionentransports zwischen Zellen oder die chemischen Reaktionsketten des Abbaus von Ozon in der oberen Atmosphäre durch Fluorchlorkohlenwasserstoffe (FCKW). Aber bei Fehlen einer solchen natürlichen Hierarchisierung von Grundlegendem und Abgeleitetem ist eine rein sachbestimmte Festlegung der Signifikanz von Erkenntnissen unmöglich. Ohne eine universelle Schichtung von Theorie-Ebenen ist jedes Prinzip nur für größere oder kleinere Bereiche der Wirklichkeitserkenntnis von Belang und bleibt damit in seiner Tragweite auf besondere Theorienzusammenhänge beschränkt. Es lassen sich keine Prinzipien identifizieren, die die Grundlage der gesamten theoretisch vorgestellten Naturordnung bildeten. Bei Fehlen eines objektiven Begriffs von Signifikanz ist der Rückgriff auf Wertvorgaben und Interessen unausweichlich; Signifikanz bleibt mit pragmatischen Kriterien und sozialen Werten verwoben. Signifikant ist eine Erkenntnis, die für den Menschen von Wichtigkeit ist. Aus diesem Grund werden soziale Werte nicht durch Reifung aus Theorien herausgetrieben, sondern bleiben von Einfluss auf die Auswahl von Forschungsgegenständen und den Ausbau des wissenschaftlichen Lehrgebäudes (Kitcher 2001, 65, 71, 118 f.; Kitcher 2004, 53).

6.3 Wissenschaft zwischen Erkenntnisstreben und sozialer Verantwortung

Wenn Werte im Allgemeinen und soziale Werte im Besonderen Teil der Wissenschaft sind und bleiben, dann ist ihrer Wirkung auf das Erkenntnisstreben der Wissenschaft genauer Beachtung zu schenken. Insbesondere geht es dann nicht mehr nur um die Forschungsagenda, sondern um die *Beurteilungspraxis*. Das Bedenken ist, dass Wissenschaft durch die Verpflichtung auf bestimmte Werte ihre Überparteilichkeit verliert und etwa von gesellschaftlichen Gruppen gleichsam in Dienst genommen wird. Im Bereich des Expertenwesens und der wissenschaftlichen Politikberatung finden sich durchaus Anzeichen für einseitige Wertbindungen der Wissenschaft. In der Konfrontation von Experten und Gegenexperten wird die Wissenschaft zur Partei. In der Folge wird unter Umständen die Glaubwürdigkeit der Wissenschaft untergraben. Andererseits könnte eine Wissenschaft ohne Wertbindung zu einer Bedrohung der Menschheit werden – wie in Bertolt Brechts *Leben des Galilei* der wissenschaftliche »Jubelschrei über irgendeine neue Errungenschaft von einem universalen Entsetzensschrei beantwortet« wird (Brecht 1955, 126). Dadurch entsteht der Anschein einer dilemmatischen Situation: Der Einschluss von Werten in die Verfahren der Hypothesenbeurteilung scheint für eine Wissenschaft mit menschlichem Antlitz geboten, für eine Wissenschaft mit überparteilicher Sachautorität hingegen unannehmbar. Die Betrachtung mehrerer Optionen für die Rolle sozialer Werte im Beurteilungsprozess soll jetzt klären, ob und gegebenenfalls in welcher Hinsicht ihr Einfluss dem Erkenntnisanspruch der Wissenschaft tatsächlich abträglich ist.

Soziale Erkenntnistheorie

Zunächst muss die Einbeziehung sozialer Werte in die Beurteilung von Theorien keinen Gegensatz zum Erkenntnisstreben bilden. Die so genannte *soziale Erkenntnistheorie* (oder Sozialepistemologie) hebt hervor, dass es der Objektivität und Verlässlichkeit wissenschaftlichen Wissens dienlich sein kann, wenn Hypothesen in sozialen Verfahren beurteilt werden, in denen auch soziale Wertvorgaben zum Tragen gebracht werden. Diesem Ansatz liegt ein im Kern Poppersches Verständnis von wissenschaftlicher Objektivität zugrunde. Danach ist Objektivität im Baconschen Sinne eines Fehlens von sachfremden Einflussfaktoren unerreichbar und durch eine pluralistische Auffassung zu ersetzen. Objektivität ergibt sich aus wechselseitiger Kontrolle und Kritik: Irrtümer und Einseitigkeiten werden durch Konfrontation mit andersartigen Irrtümern und Einseitigkeiten aufgedeckt (vgl. Kap. 2.3.2).

Diese Kultur der wechselseitigen Kontrolle und Kritik kann durch institutionelle Werte, also soziale Werte der wissenschaftlichen Gemeinschaft erfasst werden. Von besonderem Belang ist dabei das von dem Wissenschaftssoziologen Robert K. Merton (1910–2003) im Jahre 1942 – gegen die Abirrungen der Nazi-Wissenschaft – formulierte »Ethos der Wissenschaft«, das sich in vier Forderungen niederschlägt:

(1) *Universalismus*: Wahrheitsansprüche werden anhand von Maßstäben beurteilt, die auf Erfahrung und zuvor bestätigtes Wissen zurückgreifen, nicht aber auf persönliche und gesellschaftliche Merkmale ihrer Vertreter.

Zwar haben wir heute ein differenzierteres Bild vom Prozess wissenschaftlicher Geltungsprüfung und verstehen insbesondere, dass in diesen neben der Übereinstimmung mit den Tatsachen und dem System des Wissens weitere Anforderungen eine Rolle spielen. Der Akzent liegt hier jedoch auf der sozialen Universalität. Wissensansprüche sind unabhängig von Nationalität, Religion, sozialer Schicht und anderen Persönlichkeitsmerkmalen zu beurteilen.

(2) *Kommunalismus* (oder »Kommunismus«): Wissenschaftliches Wissen gehört allen. Forschungsergebnisse sind Produkt der Zusammenarbeit vieler und daher Eigentum der Gemeinschaft. Die Eigentumsrechte von Wissenschaftlern an den Früchten ihres Tuns beschränken sich auf die Wertschätzung und Anerkennung der Kollegen und der Öffentlichkeit.

(3) *Institutionelle Desinteressiertheit*: Die Wissenschaft bevorzugt nicht bestimmte Forschungsergebnisse. Dies kann bei einzelnen Wissenschaftlern anders sein, diese streben unter Umständen danach, bestimmte Ergebnisse zu erzielen. Deshalb ist das Desinteresse ein institutioneller Imperativ, der sich durch die Kontrolle der eigenen Ergebnisse durch andere Geltung verschafft.

(4) *Organisierter Skeptizismus*: Die Wissenschaft erkennt keine prinzipielle Beschränkung ihres Prüfungsanspruchs an. Sie zieht im Kern sämtliche Behauptungen in Zweifel und schreckt dabei nicht vor dem Heiligen oder dem allseits Geachteten zurück. Wiederum drückt dies einen institutionellen Imperativ aus, keinen individuellen. Die ersten Prämissen eines Wissenschaftlers müssen nicht von diesem selbst ständig befragt wer-

den, dieses Geschäft kann auch von der anders orientierten Kollegin besorgt werden (Merton 1942).

Mertons Ethos der Wissenschaft verdeutlicht, dass soziale Werte eine epistemische Tragweite haben: Ihre Annahme kann die Suche nach Wahrheit und Verstehen begünstigen. Es ist dem Erkenntnisfortschritt dienlich, keine Ideen aus bloß persönlichen Gründen unbeachtet zu lassen und keine Behauptungen dem kritischen Blick zu entziehen.

In der sozialen Erkenntnistheorie der Gegenwart werden weiter gehend auch soziale Werte der breiteren Gesellschaft (nicht allein der wissenschaftlichen Gemeinschaft) in den Blick genommen, und das wesentliche Element besteht in der Pluralität solcher Werte. Bei James Brown und Helen Longino wird aus einem solchen pluralistischen Verständnis von wissenschaftlicher Objektivität heraus gefordert, dass die Wissenschaftler ein breites gesellschaftliches Spektrum unter Einschluss von Minderheiten repräsentieren sollen. Wissenschaftler haben stets Hintergrundüberzeugungen ohne Stütze in der Sache; vielfach sind sie sich dieser Überzeugungen nicht einmal bewusst. Daher sollten Wissensansprüche aus einer Vielzahl von Perspektiven und von gegensätzlichen Voraussetzungen aus untersucht und mit alternativen Ansätzen konfrontiert werden. Nur auf der Grundlage eines breiten Spektrums wissenschaftlicher Positionen lassen sich anspruchsvolle Geltungsprüfungen durchführen. Dieses breite Spektrum lässt sich u.a. durch Einbezug vieler gesellschaftlicher Gruppen in die Wissenschaft herstellen. Insgesamt sind Hypothesenprüfungen aus einer Pluralität von Perspektiven besonders anspruchsvoll, und diese Pluralität wird durch Verfahren zur Sicherung größtmöglicher Offenheit und Öffentlichkeit zustande gebracht.

Ein Beispiel ist die Primatologie, in der die verstärkte Präsenz von Frauen eine Verbreiterung des untersuchten Hypothesenspektrums und damit letztlich auch eine Akzentverschiebung des Lehrgebäudes mit sich gebracht hat. Die maskulin dominierte Anthropologie sah den jagenden Mann als den Träger gesellschaftsbildender Innovationen. So wurde die Herstellung von Werkzeugen mit den Erfordernissen der Jagd in Verbindung gebracht. Die Stärkung der weiblichen Perspektive hat dagegen die sammelnde Frau in den Mittelpunkt gerückt und den Werkzeuggebrauch mit den Anforderungen der Bereitstellung und Zubereitung pflanzlicher Nahrung verknüpft. Analog betonten männliche Primatenforscher Rangkämpfe und das Ausschalten von Rivalen; die Aggressivität der Affenmännchen wurde als ein bestimmender Faktor im Fortpflanzungsprozess angesehen. Im Gegensatz dazu fassten Primatenforscherinnen unkriegerische Reproduktionsstrategien ins Auge. Affenmännchen können eben ihre Fortpflanzungschancen auch dadurch steigern, dass sie sich mit den Weibchen anfreunden, dass sie ihnen gleichsam den Hof machen. Diese sanftere, frauenfreundliche Strategie war nicht selten von größerem Erfolg gekrönt als die kampfbetonte Durchsetzung (Brown 2001, 201-204).

Es geht in diesen Beispielen nicht um einen Baconschen Gegensatz zwischen Vorurteil und Sachangemessenheit; es geht nicht darum, dass gute Wissenschaft von sozialen Werten frei, schlechte hingegen von ihnen durchzogen wäre. Vielmehr sind sämtliche genannten Theorieansätze von sozialen Werten durchtränkt. Der springende Punkt ist, dass Forscher mit unterschiedlichem sozialen Hintergrund verschiedene Forschungsstrategien verfolgen und andersartige Hypothesen konzipieren. Daraus erwächst eine Auseinandersetzung zwischen rivalisierenden Ansprüchen, die ihrerseits anspruchsvoll geprüftes Wissen hervorbringen kann. Die Berücksichtigung einer Mehrzahl sozialer Positionen ist daher nicht allein aus gesellschaftlichen oder politischen Gründen geboten, sondern auch aus epistemischen Gründen. Eine sozial verbreiterte Wissenschaft ist tendenziell eine zuverlässigere Wissenschaft. Soziale Werte sind Teil von Verfahren der Geltungssicherung und können zur Objektivität des Wissens beitragen (Brown 2001, 187, 198-200; Longino 2002, 128-135).

Die Verantwortung der Wissenschaft

Wissenschaft in ihrer gegenwärtigen Verfasstheit kann auch außerhalb von Bibliotheken und Laboratorien großen Schaden anrichten, und dies begründet ihre Verantwortlichkeit für die absehbaren Folgen ihres Tuns. Traditionell wird die Verantwortung der Wissenschaft als individualethische Verpflichtung begriffen: Aufgrund ihres Sachverstands sind die Wissenschaftler gehalten, die weiteren Konsequenzen ihrer Arbeit für die Gesellschaft als Ganzes zu bedenken und gegebenenfalls auf bestimmte Forschungsvorhaben zu verzichten. Die Sachkenntnis begründet eine ethische Verpflichtung – oder: »sagesse oblige«, wie Noretta Koertge es ausgedrückt hat (Koertge 2000, 48 f.; Koertge 2003, 224). Dieser individualethische Zugang zum Problem der Verantwortung der Wissenschaft beherrschte zum Beispiel die erwähnte Nachkriegsdebatte über die Verantwortung der Physiker für den Umgang mit der Atombombe und lag etwa dem »Göttinger Manifest« vom April 1957 zugrunde, in dem sich 18 Atomforscher gegen die atomare Bewaffnung der Bundeswehr wandten. Die Unterzeichneten erklärten darin, dass die Tätigkeit in der Wissenschaft sie mit einer Verantwortung für die möglichen Auswirkungen der Wissenschaft belade. In Dürrenmatts *Die Physiker* sieht sich der Kernphysiker Möbius ethisch verpflichtet, eine von ihm gemachte Entdeckung zu verheimlichen, und flüchtet deshalb, wenn auch letztlich vergebens, in ein Irrenhaus. Verkannte Genies, erklärt Möbius, haben die Pflicht, verkannt zu bleiben (Dürrenmatt 1962, 75).

Auf andere Weise drückt sich die Verantwortung der Wissenschaftler durch die Aufnahme sozialer Werte in die Beurteilungspraxis aus. Konkret geht es um den Einbezug der sozialen Auswirkungen eines möglichen Irrtums in die Entscheidung über die Annahme einer Hypothese. Wenn eine solche Hypothese bestimmte Handlungsoptionen nahe legt, sind deren Risiken in Betracht zu ziehen. Wenn ein Irrtum Gefahren mit sich bringt, werden Wissenschaftler, die sich ihrer Verantwortung bewusst sind, ein höheres Maß an Verlässlichkeit verlangen. Ist etwa die Hypothese zu beurteilen, dass der Klimawandel anthropogenen Ursprungs ist, so bestünden die Folgen ihrer irrtümlichen Annahme in überflüssigen Investitionen in die Verminderung der Emission von Treibhausgasen, die Folgen ihrer fälschlichen Verwerfung hingegen in einer bedeutenden Verschlechterung der Lebensbedingungen künftiger Generationen. Angesichts der Asymmetrie der praktischen Irrtumsfolgen entspricht es der Verantwortung der Wissenschaft, auch asymmetrische Ansprüche an die empirische Bestätigung zu stellen und im Falle epistemischer Unsicherheit nach Maßgabe der möglichen nicht-epistemischen Irrtumsfolgen zu entscheiden.

Dabei geht der Einfluss sozialer Werte insofern weiter als bei der sozialen Erkenntnistheorie, als bestimmte soziale Werte – und nicht allein die Pluralität solcher Werte – in die Einschätzung von Hypothesen Eingang finden. Allerdings bleibt die epistemische Verpflichtung zum Respekt vor den Daten gewahrt; soziale Werte übertrumpfen nicht die Erfahrungen. Aber wenn epistemische Unsicherheiten verbleiben, dann gehen die zugehörigen nicht-epistemischen Risiken in die Beurteilung der Aussagekraft der Daten ein (Douglas 2000, 565 f.; Douglas 2004, 238-240). Auch hierin wird man keine substanzielle Unterhöhlung der Sachautorität der Wissenschaft sehen können.

Neben diesen Ansatz treten Verschärfungen in zweierlei Hinsicht. Erstens sollen die sozialen Auswirkungen auch bei der wahrheitsgemäßen Annahme zutreffender Hypothesen Beachtung finden. Dabei steht die Beeinträchtigung sozialer Werte durch die Aufnahme von Theorien in das System des Wissens im Blickpunkt. Bereits die Anerkennung bestimmter Sichtweisen wird nicht selten als Verletzung der Schutzansprüche gesellschaftlicher Gruppen begriffen, die auch ohne weiter gehende Anwendungen soziale Schäden erzeugen kann (Kitcher 2004, 53). Ein frühes Beispiel ist der Sozialdarwinismus, der um die vergangene Jahrhundertwende als Konsequenz der Darwinschen Evolutionstheorie vertreten wurde und massive Benachteiligungen der ärmeren Bevölkerungsschichten mit sich brachte.

Zweitens soll die Verantwortung der Wissenschaft nicht durch ethische Appelle an Einzelne, sondern durch geeignet gestaltete Institutionen umgesetzt werden. Der Respekt der Wissenschaft vor sozialen Werten ist durch institutionelle Regelungen sicherzustellen. Dabei stehen Ansätze zur Demokratisierung der Wissenschaft im Vordergrund. Eingangs waren die sozialen Werte nach Teilhabe- und Mitwirkungsansprüchen auf der einen Seite und Schutzansprüchen auf der anderen unterschieden worden. Die Vorschläge für eine institutionelle Lösung des Verantwortungsproblems sehen sämtlich die Sicherung sozialer Schutzansprüche durch eine Stärkung der Mitwirkungsrechte vor. Danach sind soziale Gruppen in einem regulierten Verfahren an der Wissensproduktion zu beteiligen und haben unter Umständen das Recht, Untersuchungen mit für sie erwartbar nachteiligen Folgen zu verhindern.

In diese Richtung weist etwa die erwähnte Einrichtung nationaler Ethikkommissionen, die in einigen Ländern über die Förderungswürdigkeit von Forschungsvorhaben mitentscheiden (vgl. Kap. 6.2). Im gleichen Sinne entwirft Kitcher das Ideal einer »wohlgeordneten Wissenschaft«, in der eine breite Öffentlichkeit unter fachlicher Beratung einschlägiger Wissenschaftler auf die Auswahl von Forschungsgegenständen Einfluss nimmt (Kitcher 2001, 117-135).

Andere gehen weiter und streben eine Festlegung der Wissenschaft auf bestimmte gesellschaftliche Ziele an. Dieser Ansatz ist von Helen Longino (1995) systematisch vorangetrieben worden. Longino bezieht sich auf die Kuhnsche Liste epistemischer Werte (s.o. 4.2) und argumentiert, dass die darin enthaltenen scheinbar rein epistemischen Werte tatsächlich von soziopolitischer Tragweite sind. Zum Beispiel drückt Kuhns Festlegung auf externe Kohärenz, also den Anschluss an das akzeptierte Hintergrundwissen, einen Vertrauensvorschuss in die vorangegangene wissenschaftliche Forschung aus. Dieses Vertrauen ist jedoch unbegründet, da solche angeblichen Forschungsergebnisse oft genug für eine Stützung der Herrschaftsposition des Mannes über die Frau benutzt wurden. Auch die Verpflichtung auf Einfachheit im Sinne von Erklärungskraft kann unakzeptable soziale Nebenwirkungen haben. Dabei wird eine Theorie bevorzugt, die unter Rückgriff auf möglichst wenige Prämissen einem möglichst breiten Phänomenbestand gerecht wird. Diese Auszeichnung weniger fundamentaler Entitäten in der Natur legt auch für die soziale Welt eine hierarchische Gestaltung nahe, die der Tendenz nach eine Unterordnung der Frau begründet (Longino 1995, 387, 392-393).

Die These ist entsprechend, dass in Kuhns Liste entgegen dem Augenschein epistemische und soziale Ansprüche miteinander verwoben sind. Hinter der Auswahl dieser Werte als Konkretisierung des Erkenntnisideals stehen politische Motive, und die Annahme gerade dieser Werte für die Beurteilung von Hypothesen hat wiederum politische Wirkungen. Vorstellungen von der Beschaffenheit der Erkenntnis und der Struktur der gesellschaftlichen Welt stehen in Wechselwirkung miteinander und verstärken sich gegenseitig. Dann aber ist es legitim, auf der Grundlage andersartiger sozialer Wertvorgaben auch abweichende Maßstäbe für die Hypothesenwahl anzunehmen. So schlägt Longino gegen die Orientierung am Wissensbestand »Neuartigkeit« als Beurteilungsmaßstab vor. Der Grund ist, dass Theorien zu bevorzugen sind, die bislang nicht zur Unterdrückung der Frau herangezogen wurden. Ebenso setzt Longino gegen die Einfachheit oder Erklärungskraft die Kriterien der ontologischen Heterogenität und der Komplexität der Wechselwirkungen. Bevorzugt werden Theorien, die Größen verschiedener Art als gleichberechtigt betrachten, statt einige von ihnen auf andere zurückführen zu wollen, sowie Theorien, in denen eine wechselseitige Einflussnahme von Größen angenommen wird, statt einseitig gerichteter Einflüsse, die alle Größen bis auf eine passiv erscheinen lassen (Longino 1995, 397-398, 393-394).

In diesem methodologischen Ansatz wird die Beurteilung von Hypothesen in den Dienst eines emanzipatorischen Programms der Gesellschaftsreform genommen. Nicht-empirische, vorgeblich epistemische Werte haben stets soziale Gründe und soziale Folgen. Diese Werte sind auch nach Maßgabe dieser Gründe und Folgen zu wählen, was etwa die Verpflichtung auf Neuartigkeit, ontologische Heterogenität und Komplexität der Wechselwirkungen mit sich bringt und entsprechend die Beurteilung von Hypothesen an Maßstäben ausrichtet, die von herkömmlichen Kriterien verschieden sind.

Diese Politisierung der Wissenschaft wird von Longino auf indirekte Weise vertreten, da die Kriterien, die sie vorschlägt, *prima facie* eine epistemische Ausrichtung haben (wie die Kuhnschen) und sich nur durch weitere Argumentation als soziopolitisch aufgeladen zeigen. Bei Janet Kourany wird diese Politisierung sehr viel direkter und expliziter propagiert. Kourany fordert, Wissenschaft müsse durch ihre Forschungsresultate zur Emanzipation von Frauen oder Minderheiten beitragen. Wissenschaft wird ausdrücklich auf die Unterstützung eines egalitären politischen Programms verpflichtet. Das Ideal einer »sozial verantwortlichen Wissenschaft« wird proklamiert, dem zufolge nur solche Forschungsvorhaben Förderung verdienen, die geeignet sind, soziale Benachteiligung zu verringern oder zu beseitigen (Kourany 2003, 6-8).

Die Demokratisierung der Wissenschaft wurde zunächst mit dem Ziel verfochten, soziale Werte durch Einbezug der Öffentlichkeit zu sichern und ein Gegengewicht zu den Einflüssen von Markt und Politik zu schaffen. In der Verschärfung dieses Ansatzes wird jedoch die Gefahr erkennbar, dass Wissenschaft im Zugriff einseitiger Interessen verbleibt. Diese werden lediglich inhaltlich verändert, aber nicht ausbalanciert. Durch eine solche enge Bindung an spezifische gesellschaftliche Positionen läuft die Wissenschaft Gefahr, ihre Glaubwürdigkeit zu verlieren. Damit ist das Bedenken wohl tatsächlich schwer von der Hand zu weisen, der hier vorgesehene maßgebliche Einfluss sozialer Werte untergrabe die epistemische Autorität der Wissenschaft und hebe damit letztlich den Nutzen der Wissenschaft auch in gesellschaftlichen Argumentationszusammenhängen auf (Koertge 2003, 222 f., 230). Bei dieser Ausgestaltung der Wertbindung der Wissenschaft kommt das anfangs genannte Dilemma und damit der Gegensatz zum Erkenntnisanspruch in der Tat zum Tragen. Zwar lässt sich dieser Gegensatz in bemerkenswertem Umfang vermeiden, letztlich aber nicht auflösen.

Deshalb wird weithin die Ansicht geteilt, dass die Verantwortung der Wissenschaft nicht durch Verfahren geregelt werden darf, die einen Verlust der Sachautorität der Wissenschaft zur Folge haben. Insbesondere tragen soziale Schutzansprüche vor wissenschaftlichen Erkenntnissen leicht dazu bei, die soziale Wünschbarkeit zum Maßstab der Beurteilung zu machen und eine Kundenmentalität gegenüber der Wissenschaft zu fördern, die ein Recht auf bequeme Wahrheiten geltend macht.

Natürlich trägt die Wissenschaft angesichts der gewaltigen Auswirkungen wissenschaftlicher Erkenntnisse auf Lebensbedingungen und Selbstverständnis des Menschen eine Verantwortung, deren Beachtung unter Umständen auch durch institutionelle Regeln zu sichern ist. Der ethisch begründete Ausschluss gewisser experimenteller Eingriffe beruht schließlich auch auf institutionellen Regeln. Allerdings ist bei allen solchen Regulierungen der Forschung stets die Gefahr der Behinderung des Erkenntnisfortschritts in Betracht zu ziehen. Die Freiheit zur Verfolgung neuer Denkmöglichkeiten und der Spielraum für Kritik von andersartigen, vielleicht ebenfalls neuartigen Standpunkten aus bilden eine wesentliche Voraussetzung der Kreativität der Wissenschaft. Wer Forschung durch inhaltliche Vorgaben bei der Theoriebildung einzäunt, läuft Gefahr, ihre Innovationskraft verkümmern zu lassen. Die Verpflichtung der Wissenschaft auf ihre Verantwortung und auf den Respekt vor gesellschaftlichen Wertvorstellungen ist daher stets mit dem Risiko verbunden, die Kreativität der Wissenschaft zu untergraben.

Jede Regulierung der Verantwortlichkeit der Wissenschaft muss mit Behutsamkeit in diesem Spannungsfeld von ethischen, sozialen und epistemischen Werten operieren. Insbesondere ist eben stets auch in Rechnung zu stellen, dass es sich bei der Wissenschaft um eine erkenntnisorientierte Anstrengung handelt, die zunächst der Wahrheit verpflichtet ist. Wenn nichtepistemische Werte das System des Wissens auch inhaltlich prägen (wie in der Hirnforschung des 19. Jahrhunderts oder im

Lyssenkoismus, vgl. Kap. 6.2), dann hebt sich Wissenschaft als epistemisches Unternehmen selbst auf. Die Verantwortung der Wissenschaft darf nicht auf eine Weise geregelt werden, die diese in ihrem epistemischen Kern beschädigt.

Anhang

Literatur

Adam, Matthias (2002), Theoriebeladenheit und Objektivität. Zur Rolle von Beobachtungen in den Naturwissenschaften, Frankfurt/M.
Albert, Hans (1968), Traktat über kritische Vernunft, Tübingen ²1969.
Aristoteles (Anal. Post.), Lehre vom Beweis oder Zweite Analytik, übers. v. E. Rolfes, Hamburg 1976.
Bacon, Francis (1620), Neues Organon, I-II, hrsg. v. W. Krohn, lat./dt., Hamburg 1990.
Barnes, Barry, David Bloor & John Henry (1996), Scientific Knowledge. A Sociological Analysis, Chicago.
Bellone, Enrico (1998), Galileo Galilei. Leben und Werk eines unruhigen Geistes (Spektrum der Wissenschaft Biografie), Heidelberg 2002.
Brecht, Bertolt (1955), Leben des Galilei, Frankfurt 1972.
Brophy, James D. (ed.) (1962), The Achievement of Galileo, New Haven/Conn.
Brown, James R. (2001), Who Rules in Science?, Cambridge/Mass.
Carnap, Rudolf (1956), »Theoretische Begriffe in der Wissenschaft. Eine logische und methodologische Untersuchung«, in: Zeitschrift für philosophische Forschung 14 (1960), S. 209-233, S. 571-584.
Carrier, Martin (1994), The Completeness of Scientific Theories. On the Derivation of Empirical Indicators within a Theoretical Framework: The Case of Physical Geometry, Dordrecht.
Carrier, Martin (2000), »Empirische Hypothesenprüfung ohne Felsengrund, oder: Über die Fähigkeit, sich am eigenen Schopf aus dem Sumpf zu ziehen«, in: F. Stadler (Hg.), Elemente moderner Wissenschaftstheorie. Zur Interaktion von Philosophie, Geschichte und Theorie der Wissenschaften, Wien, S. 43-56.
Carrier, Martin (2001), Nikolaus Kopernikus, München.
Carrier, Martin (2004a), »Experimental Success and the Revelation of Reality: The Miracle Argument for Scientific Realism«, in: M. Carrier

et al. (eds.), Knowledge and the World: Challenges Beyond the Science Wars, Heidelberg, S. 137-161.

Carrier, Martin (2004b), »Auf dem Weg zur Himmelsphysik: Naturphilosophische Leitmotive bei Copernicus«, in: Philosophiegeschichte und logische Analyse 7, S. 53-79.

Carrier, Martin (2004c), »Knowledge and Control: On the Bearing of Epistemic Values in Applied Science«, in: P. Machamer/G. Wolters (eds.), Science, Values and Objectivity, Pittsburgh/Konstanz, S. 275-293.

Collins, Harry M. (1985), Changing Order. Replication and Induction in Scientific Practice, London.

Descartes, René (1637), Discours de la méthode, (frz./dt.), Hamburg 1960.

Dorling, Jon (1979), »Bayesian Personalism, the Methodology of Scientific Research Programmes, and Duhem's Problem«, in: Studies in History and Philosophy of Science 10, S. 177-187.

Douglas, Heather (2000), »Inductive Risk and Values«, in: Philosophy of Science 67, S. 559-579.

Douglas, Heather (2004), »Border Skirmishes Between Science and Policy: Autonomy, Responsibility, and Values«, in: P. Machamer/G. Wolters (eds.), Science, Values, and Objectivity, Pittsburgh/Konstanz, S. 220-244.

Duhem, Pierre (1906), Ziel und Struktur der physikalischen Theorien, Hamburg 1978.

Duhem, Pierre (1908), ΣΩZEIN TA ΦAINOMENA. Essai sur la notion de théorie physique, Paris 1982.

Dürrenmatt, Friedrich (1962), Die Physiker, Zürich 1998.

Farley, John/Geison, Gerald L. (1974), »Science, Politics and Spontaneous Generation in Nineteenth-Century France: The Pasteur-Pouchet Debate«, in: Bulletin of the History of Medicine 48, S. 161-198.

Frankel, Henry (1979), »The Career of Continental Drift Theory: An Application of Imre Lakatos' Analysis of Scientific Growth to the Rise of Drift Theory«, in: Studies in History and Philosophy of Science 10, S. 21-66.

Franklin, Allan (1994), »How to Avoid the Experimenters' Regress«, in: Studies in History and Philosophy of Science 25, 463-491.

Galilei, Galileo (1632), Dialog über die beiden hauptsächlichsten Weltsysteme, hrsg. von Emil Strauss, Stuttgart 1982.

Gibbons, Michael et al. (1994), The New Production of Knowledge. The Dynamics of Science and Research in Contemporary Sciences, London.

Giere, Ronald N. (1984), Understanding Scientific Reasoning, New York ²1984.

Goldman, Alvin I. (1997), »Science, Publicity, and Consciousness«, in: Philosophy of Science 64, S. 525-545.

Hacking, Ian (1983), Representing and Intervening. Introductory Topics in the Philosophy of Natural Science, Cambridge.

Hagner, Michael (1999), »Kluge Köpfe und geniale Gehirne. Zur Anthropologie des Wissenschaftlers im 19. Jahrhundert«, in: ders. (Hg.), Ansichten der Wissenschaftsgeschichte, Frankfurt/M. 2001, S. 227-268.

Hanson, Norwood R. (1958), Patterns of Discovery. An Inquiry into the Conceptual Foundations of Science, Cambridge 1965.

Hempel, Carl G. (1952), Grundzüge der Begriffsbildung in der empirischen Wissenschaft, Düsseldorf 1974.

Hempel, Carl G. (1958), »The Theoretician's Dilemma: A Study in the Logic of Theory Construction«, in: ders., Aspects of Scientific Explanation and Other Essays in the Philosophy of Science, New York 1965, S. 173-226.

Hempel, Carl G. (1966), Philosophie der Naturwissenschaften, München 1974.

Holton, Gerald (1981), »Subelektronen, Vorausnahmen und die Debatte Millikan – Ehrenhaft«, in: ders., Thematische Analyse der Wissenschaft. Die Physik Einsteins und seiner Zeit, Frankfurt/M., S. 50-143.

Howson, Colin/Urbach, Peter (1989), Scientific Reasoning: The Bayesian Approach, La Salle/Ill.

Hoyningen-Huene, Paul (1989), Die Wissenschaftsphilosophie Thomas S. Kuhns, Braunschweig 1989.

Hudson, Robert G. (1999), »Mesosomes: A Study in the Nature of Experimental Reasoning«, in: Philosophy of Science 66, S. 289-309.

Kepler, Johannes (1596), Mysterium cosmographicum. Das Weltgeheimnis, hrsg. und mit einer Einleitung von M. Caspar, Augsburg 1923.

Kitcher, Philip (2001), Science, Truth, Democracy, Oxford.

Kitcher, Philip (2004), »On the Autonomy of the Sciences«, in: Philosophy Today 48 (Supplement 2004), S. 51-57.

Koertge, Noretta (2000), »Science, Values, and the Value of Science«, Philosophy of Science 67 (Proceedings), S. 45-57.

Koertge, Noretta (2003), »Feminist Values and the Value of Science«, in: C.L. Pinnick/N. Koertge/R.F. Almeder (eds.), Scrutinizing Feminist Epistemology. An Examination of Gender in Science, New Brunswick, S. 222-233.

Kosso, Peter (1989), »Science and Objectivity«, in: Journal of Philosophy 86, S. 245-257.

Kosso, Peter (1992), Reading the Book of Nature. An Introduction to the Philosophy of Science, Cambridge.

Kourany, Janet A. (2003), »A Philosophy of Science for the Twenty-First Century«, in: Philosophy of Science 70, S. 1-14.

Kuhn, Thomas S. (1957), Die kopernikanische Revolution, Braunschweig 1981.

Kuhn, Thomas S. (1962), Die Struktur wissenschaftlicher Revolutionen (mit »Postskriptum – 1969«), Frankfurt/M. ^{2}1976.

Kuhn, Thomas S. (1970a), »Logik der Forschung oder Psychologie wissenschaftlicher Arbeit?«, in: Lakatos/Musgrave (1974), S. 1-24.

Kuhn, Thomas S. (1977), »Objektivität, Werturteil und Theoriewahl«, in: ders., Die Entstehung des Neuen, hrsg. von L. Krüger, Frankfurt/M. 1978, S. 421-445.

Kuhn, Thomas S. (1987), »What are Scientific Revolutions?«, in: L. Krüger et al. (eds.), The Probabilistic Revolution I: Ideas in History, Cambridge/Mass., S. 7-22.

Kuhn, Thomas S. (1989), »Possible Worlds in History of Science«, in: S. Allén (ed.), Possible Worlds in Humanities, Arts and Sciences, Berlin, S. 9-32.

Longino, Helen E. (1995), »Gender, Politics, and the Theoretical Virtues«, in: Synthese 104, S. 383-397.

Longino, Helen E. (2002), The Fate of Knowledge, Princeton.

Mayo, Deborah G. (1997), »Duhem's Problem, the Bayesian Way, and Error Statistics, or ›What's Belief Got to Do with It?‹«, in: Philosophy of Science 64, S. 222-244.

McMullin, Ernan (1983), »Values in Science«, in: Peter Asquith/Thomas Nickles (eds.), PSA 1982 II. Proceedings of the 1982 Biennial Meeting of the Philosophy of Science Association: Symposia, East Lansing/Mich., S. 3-28.

McMullin, Ernan (2001), »The Impact of Newton's Principia on the Philosophy of Science«, in: Philosophy of Science 68, S. 279-310.

Merton, Robert K. (1942), »The Normative Structure of Science«, in: ders., The Sociology of Science. Theoretical and Empirical Investigations, Chicago 1973, S. 267-278.

Mill, John S. (1881), Philosophy of Scientific Method, ed. E. Nagel, New York 1950 (A System of Logic, abridged, 8. ed., New York 1881).

Popper, Karl R. (1935), Logik der Forschung, Tübingen ^{6}1976.

Popper, Karl R. (1963), Conjectures and Refutations. The Growth of Scientific Knowledge, London, S. 33-65.

Popper, Karl R. (1969), »Die Logik der Sozialwissenschaften«, in: H. Maus/F. Fürstenberg (Hg.), Der Positivismusstreit in der deutschen Soziologie, Neuwied, S. 103-123.

Popper, Karl R. (1984), Objektive Erkenntnis. Ein evolutionärer Entwurf, Hamburg, ^{4}1984.

Porter, Burton F. (2002), The Voice of Reason. Fundamentals of Critical Thinking, New York.

Putnam, Hilary (1973), »Explanation and Reference«, in: ders., Mind, Language and Reality (Philos. Papers II), Cambridge 1975, S. 196-214.

Putnam, Hilary (1978), Meaning and the Moral Sciences, London.

Quine, Willard V.O./Ullian, Joseph S. (1978), The Web of Belief, 2nd edition, New York.

Reichenbach, Hans (1938), Experience and Prediction. An Analysis of the Foundations and the Structure of Knowledge, Chicago.

Rosenberg, Nathan (1990), »Why do Firms do Basic Research (with Their Own Money)?« in: Research Policy 19, S. 165-174.

Salmon, Wesley C. (1990), »Rationality and Objectivity in Science or Tom Kuhn Meets Tom Bayes«, in: C.W. Savage (ed.), Scientific Theories (Minnesota Studies in the Philosophy of Science XIV), Minneapolis, S. 175-204.

Schütte, Christian (2008), Gesetze am Himmel. Die Astronomie der Frühen Neuzeit als Wegbereiterin moderner Naturwissenschaft, Zürich.

Schweber, Silvan S. (1993), »Physics, Community and the Crisis in Physical Theory«, in: Physics Today (November 1993), S. 34-40.

Stokes, Donald E. (1997), Pasteur's Quadrant. Basic Science and Technological Innovation, Washington D.C.

Toellner, Richard (2002), »Im Hain des Akademos auf die Natur wißbegierig sein: Vier Ärzte der Freien Reichsstadt Schweinfurt gründen die Academia Naturae Curiosum«, in: B. Parthier/D. von Engelhardt (Hg.), 350 Jahre Leopoldina – Anspruch und Wirklichkeit, Halle/Saale, S. 14-43.

Weber, Max (1904), »Die ›Objektivität‹ sozialwissenschaftlicher und sozialpolitischer Erkenntnis«, in: ders., Gesammelte Aufsätze zur Wissenschaftslehre, Tübingen 1968, S. 146-214.

Worrall, John (1993), »Falsification, Rationality, and the Duhem Problem. Grünbaum versus Bayes«, in: J. Earman et al. (eds.), Philosophical Problems of the Internal and External Worlds. Essays on the Philosophy of Adolf Grünbaum, Pittsburgh/Konstanz, S. 329-370.

Ziman, John (2002), »The Continuing Need for Disinterested Research«, in: Science and Engineering Ethics 8, S. 397-399.

Martin Carrier, geb. 1955, Studium der Physik, Philosophie und Pädagogik in Münster, 1984 Promotion, 1994 Habilitation. 1984–1994 wissenschaftlicher Angestellter bzw. Akademischer Rat an der Universität Konstanz, 1994–1998 Professor für Philosophie an der Universität Heidelberg, ab 1998 Professor für Philosophie an der Universität Bielefeld. Mitglied der Deutschen Akademie der Naturforscher Leopoldina und der Akademie der Wissenschaften und der Literatur Mainz; Träger des Gottfried-Wilhelm-Leibniz-Preises der DFG 2008. Hauptsächliches Arbeitsgebiet ist die Wissenschaftsphilosophie. Schwerpunkte sind im Einzelnen: Wissenschaftsentwicklung und Theorienwandel; Theoriebeladenheit und empirische Prüfung; innertheoretische Beziehungen; Methodologie angewandter Forschung.
Buchveröffentlichungen: *Geist, Gehirn, Verhalten* (mit Jürgen Mittelstraß 1989), rev. engl. *Mind, Brain, Behavior* (1991), *The Completeness of Scientific Theories* (1994), *Nikolaus Kopernikus* (2001).